项目名称：体育赛事推广及青少年业余体育训练经营发展策略研究

项目编号：2017H33

当代大学生体育与健康教育研究

马驰 主编

知识产权出版社
全国百佳图书出版单位
—北京—

图书在版编目（CIP）数据

当代大学生体育与健康教育研究 / 马驰主编 . — 北京 : 知识产权出版社, 2018.10（2019.12 重印）
ISBN 978-7-5130-5842-1

Ⅰ . ①当… Ⅱ . ①马… Ⅲ . ①大学生－体育教育－研究②大学生－健康教育－研究 Ⅳ . ① G807.4 ② G647.9

中国版本图书馆 CIP 数据核字 (2018) 第 214590 号

内容提要

本书以促进大学生身体健康为主线，从体育的功能与大学体育教育、体育与健康、大学生的营养膳食及锻炼的原则、方法几个方面引导大学生在学习掌握运动技战术的同时，树立主动参与运动和终身体育的意识、培养良好的团队精神和鲜明的个性气质。

责任编辑：阴海燕　　　　责任印制：孙婷婷

当代大学生体育与健康教育研究

DANGDAI DAXUESHENG TIYU YU JIANKANG JIAOYU YANJIU

马驰　主编

出版发行：	知识产权出版社有限责任公司	**网　　址：**	http://www.ipph.cn
电　　话：	010–82004826		http://www.laichushu.com
社　　址：	北京市海淀区气象路 50 号院	**邮　　编：**	100081
责编电话：	010–82000860 转 8693	**责编邮箱：**	laichushu@cnipr.com
发行电话：	010–82000860 转 8101	**发行传真：**	010–82000893
印　　刷：	北京中献拓方科技发展有限公司	**经　　销：**	各大网上书店、新华书店及相关专业书店
开　　本：	720mm×1000mm　1 / 16	**印　　张：**	9
版　　次：	2018 年 9 月第 1 版	**印　　次：**	2019 年 12 月第 2 次印刷
字　　数：	150 千字	**定　　价：**	45.00 元

ISBN 978-7-5130-5842-1

前　言

健康是人类永恒的话题，其研究意义和价值永远闪耀着光芒。从古至今，人类为了生存和长寿，不断地与大自然、疾病等斗争，不断地提高自身的身体素质和探索防治疾病的方法。培养良好的体育锻炼习惯、掌握科学的体育锻炼方法，有助于提高大学生个人身体素质、心理素质和社会适应能力，为其将来更好地适应社会奠定良好的基础。

体育是学校教育的重要组成部分，是培养德、智、体全面发展的社会主义建设者和接班人的重要方面。作为学校体育的重要舞台，高等学校体育工作如何抓住机遇，得到快速、和谐地发展，已成为我国高校体育工作者面临的重大课题。本着“健康第一”的指导思想，从体育知识、体育教学、体育技能及健康锻炼等方面入手，以身体练习为主要手段，实现提高学生生理、心理素质，提高社会适应能力及体育文化素养为目的的编写宗旨，我们编写了这本《当代大学生体育与健康教育研究》，可供教师和学生参考。

本书在编写过程中，借鉴和参考了国内外一些专家和学者的研究成果，得到了教育部有关部门的领导、教育部全国普通高等学校体育教学指导委员会，以及其他有关方面的大力支持和协助，在此一并表示感谢。由于编写人员的水平所限，不妥之处在所难免，恳请各位同仁批评指正。

目　　录

第一章 体育的功能与大学体育教育

第一节 体育的概念及形成发展

一、体育的概念

（一）体育的定义

在《现代汉语词典》中，“体育”这一概念给出了两种解释。

（1）体育（physical education），以发展体力，增强体质为主要任务的教育，通过参加各种运动来实现。事实上，随着社会发展，目前体育的主要任务早已超出了仅仅是发展身体（发展体力，增强体质）的范畴。目前体育的主要任务是：促进身心（身体和精神）健全发展，培养终身体育能力。

（2）体育（sport、sports），锻炼身体增强体质的各种活动，包括田径、体操、球类、游泳、武术、登山、射击、滑冰、滑雪、举重、摔跤、击剑、自行车等各种项目。事实上，目前体育的范畴早已超出了身体锻炼（锻炼身体增强体质）的范畴。在目前，包含身体锻炼、游戏、竞争要素的各种身体运动都是体育。换句话说，体育是包含身体锻炼、游戏、竞争要素的身体运动的总称。

（二）体育的分类

1. 狭义的体育（体育教学）

狭义的体育是指学习掌握锻炼身体的基本知识、技术技能，发展身体、增强体质，培养道德和意志品质的教学活动。

2. 竞技运动

竞技体育是指为了最大限度地发挥和提高人体在体格、身体能力、心理和运动能力等方面的潜力，取得优异运动成绩而进行的科学、系统的训练和竞赛。

3. 身体锻炼

身体锻炼是指以健身、医疗、卫生为目的的身体活动。这种活动一般是自愿参加的，其组织形式有集体的，也有个人的，讲究自我教育和锻炼的效果。有时也采用竞赛的方式，但不单纯追求竞赛的成绩。

4. 身体娱乐

身体娱乐是指以休闲、娱乐、发展兴趣爱好、表现创造性、培养审美能力而进行的身体活动。它有助于增强身体的、情绪的、精神的和社会的健康，给紧张的生活和情绪提供“缓解剂”。现代身体娱乐形式多样，内容丰富多彩，经常采用表演、比赛的手段，是活跃社会文化生活的一个重要内容。身体锻炼和身体娱乐是现代人生活方式中不可缺少的内容，又称群众体育。

广义体育由四部分组成：竞技运动、狭义的体育（学校体育）、身体锻炼和身体娱乐。

此外，这四者之间互相交叉、相互渗透，有许多共同点。狭义的体育（学校体育）、身体锻炼和身体娱乐是竞技体育的基础，基础越好，竞技水平越高。这四者属于不同的范畴，既有共同性，也有特性；既有区别，又有联系。它们互相影响，互相依存，互相促进，构成了现代体育的整体。

体育与社会文化教育有密切联系，其发展受一定社会的政治和经济的制约，也为一定社会的政治和经济服务。

二、体育的产生与发展

体育作为一种社会现象是随着人类社会的产生、发展而出现和演进的。它的产生依赖于人类社会的需求，它的发展依赖于人类社会的进步。

（一）体育的起源

体育作为人类文化的重要组成部分，是随着人类社会的发展而逐渐形成和发展起来的。据史学家和考古学家研究，人类早在原始时代就把走、跑、跳跃、投掷、攀登、爬越等作为最基本的生产劳动和日常生活的技能与本领传授给下一代。这是人类教学的萌芽，也是体育活动的萌芽。体育的起源与发展，与教育、军事、科学技术的发展，以及人们的宗教活动、休闲娱乐活动有着密切的关系。❶

1. 生产劳动是体育起源的基础

体育的形成是一个漫长的历史过程。它萌芽于原始社会，和人们基本的生存需要以及生产劳动实践有直接的联系。

人类的祖先为了适应环境和生存的需要，由树栖变为地栖，学会了直立行走，解放了上肢。原始人的生活条件恶劣，为了谋生，靠快速奔跑去追逐捕获猎物，用刺杀和投掷来杀伤虎、豹、熊等野兽，靠游泳及用锐利的树枝、木器去捕鱼，靠攀登和爬越去采集野果。原始人这些求生的身体活动既是生存的基本技能，也是劳动的基本技能。在这些身体动作反复出现的过程中，人的跑、跳、投、攀登、支撑、爬越和涉水等身体基本活动能力得以发展，而这些最初以劳动手段形式出现的肢体活动，不断地在重复中得以改进，并逐渐发展成为表现体育最初形态的身体活动方式和技能。这就是体育活动的萌芽。但是，原始人类的这些活动，其目的是生存，而不是锻炼身体和增强体质。

2. 人类的需要是体育起源的动因

原始人类不仅需要劳动，更需要生活。他们有思想感情、喜怒哀乐，他们集群而居，也有交往的需求。在当时的社会需要结构中，尽管水平还很低，他们除了劳动的需要以外，还有适应环境的需要、对付同类袭扰的防卫需要、同疾病做斗争的生存需要，以及表述和抒发内心各种感情的需要。如教育、军事、娱乐、医疗卫生、宗教祭祀等，这些都需要健康的身体，需要人们进行强健自身的活动，由此形成体育产生的动因。体育作为人类有目

❶ 熊晓正 . 体育概论 [M]. 北京：北京体育大学出版社，2008.

的、有意识的一种社会活动，正是为了适应社会的需要（其中包括社会生产和生活的需要）和人本身的需要（包括人的生理和心理的需要）而产生的。

（1）原始社会教育活动中体育的萌芽。原始人在长期的生产和生活实践中不断积累自然知识、社会知识和各种劳动技能知识，这些知识需要不断地传授给年轻一代，使他们尽快投入到生产劳动中去，因此，便出现了人类最初的教育。原始社会的教育主要是传授生产劳动技能，而当时生产劳动技能主要是跑、跳、投、攀登、支撑、爬越等人的基本活动能力。所以，在原始教育中，人的基本活动能力既是教育的内容，又是教育的手段。在这种有意识的教育过程中，最初的体育形式也就应运而生了。

（2）部落战争中体育的萌芽。原始社会的后期，随着人口密度的增大，为了保证血亲生存，部落间的冲突和战争不断加剧。为了战争的胜利，就需要培养氏族成员的军事技能，发展攻、防、格斗及走、跑、跳、投等能力，这就出现了以军事为目的的身体训练和教育方式，即军事教育的雏形。这种以身体训练为主要内容的军事教育，包含着体育的形式和内容，同时，也丰富和发展了体育的内容。

（3）宗教祭祀活动中体育的萌芽。原始社会人类对大自然的认识有限，因此将大自然的变化视为神灵的力量。为了表示对神灵的崇拜和尊敬，出现了祭祀活动。人们用竞技、角力和身体动作（舞蹈的雏形）来祈祷风调雨顺，求得庇护，寻求平安。古代奥林匹克运动会就是由这种祭祀中的竞技活动发展成为定期的节日竞技运动会的。虽然，古人的这些祭祀活动主观上是为了宗教信仰而采用的身体运动，但其在形式上和功能上已具备体育的特点。

（4）休闲娱乐和健身祛病中体育的萌芽。体育的一些项目是人们在娱乐中发展起来的，如各种游戏、民间舞蹈等。娱乐活动的内容主要是身体的活动，既具有娱乐的作用，又具有健身的作用。另外，资料表明，人们很早就对身体运动的健身和医疗作用有了一定的认识。如相传产生于我国原始社会末期的尧舜时代的阴康氏“消肿舞”，是为了治疗身体疾病而进行的身体活动。这些既是医疗手段，又是健身活动。以后又逐渐发展成了各种成套的保健体操，如“五禽戏”“八段锦”“易筋经”等，健身目的更加明确。

（二）近现代体育的发展

1. 近代体育运动的兴起

19 世纪，西欧由于资本主义发展不平衡和民族主义倾向，各国之间接连发生战争，许多国家遭受战争的重创，认识到身体训练对服兵役的重要性，出于强国强民的需要，迫使各国对体育逐渐重视起来。因而，相继出现了德国“体操之父”古茨穆茨、瑞典的林德福尔斯等体操领袖，他们的体操理论和体育实践，推动了本国体育的发展，并流传欧、亚、美各洲，成为世界体育的共同财富。当欧洲各国纷纷仿效和发展德国及瑞典体操运动时，英国以最早实现工业革命并以海军立国的独特社会背景和自然条件，兴起了符合民族特点的户外活动，即娱乐及竞技运动，其形式丰富多彩，有射箭、羽毛球、板羽球、保龄球、曲棍球、橄榄球、足球、游泳、网球、划船、田径赛、高尔夫球、登山、滑冰、滑雪等。他们认为在肌肉锻炼方面，竞技运动与户外运动更优于体操运动。随着英国殖民扩张与各国仿效，英国的户外运动与竞赛娱乐项目在美国、欧洲乃至世界各国得以传播。

2. 现代体育运动的快速发展

21 世纪，世界发生了巨大的变化，其变化的主要特征是：新的科学技术大量涌现，工业化进入一个新的发展阶段，全球性通信网络的建立把世界连成一个整体，人们驾驭未来的能力不断增强，社会价值观体系呈现多样化。社会的变化使体育不可避免地也发生了深刻的变化。体育作为现代社会广受欢迎的文化现象之一，呈现出以下新的发展特点：竞技体育的国际化；现代体育的社会化；现代体育的科学化；学校体育将由强调“健身”转为“全面育人”；现代体育的终身化。

纵观体育发展的历史，在漫长的历史长河中，是人类怀着对体育的无限向往，去追求，去创造。体育萌生于原始社会，形成于古代，发展于近代，完善于现代，经过了从无到有，从无意识到有意识，从简单到复杂，从封闭到开放，伴随着人类从过去走向未来，这是社会发展的必然，也是体育发展的必然。

第二节　体育的功能

体育作为一种人类所共同承认、拥有和普遍热爱的社会活动，以其独特的功能和深刻的内涵，对经济、社会与文化产生着越来越重要的影响。正如南非前总统曼德拉所说“体育有这个能力来改变世界”。体育的功能与价值正不断被开发和利用，影响和改变着人类社会和人们的日常生活，成为一笔珍贵的社会财富。体育的目的在于人的全面、自由、和谐的发展，体育作为恢复人的本质与价值的生命活动及社会实践，其意义在于维系人类的健康，满足人类的享受和发展的需要。

一、健身功能

不言而喻，强身健体是体育的本质功能，体育的其他功能都是由它派生出来的。体育的功能可以有很多，但基本的在于强筋骨，亦即增强体质，离开了这一点，别的属性也就不存在了。

体育是通过身体运动的方式进行的，它要求人体直接参与活动，这个特点就决定了体育有健身功能。从医学的角度讲，经常参加体育运动，能有效地促进身体的正常生长发育，提高人体各个器官系统的机能水平，增强体质，增进健康，塑造健美的体态，有利于提高人体对外界环境的适应能力，使人体的“防御能力”得到提高。另外，还能全面提高身体素质，对提高力量、速度、耐力、灵敏度等“行动体力”具有十分明显的功效。“生命在于运动”这句名言早已深刻地揭示了体育运动对于增强体质的重要意义。

在现代社会，越来越多的机械动力代替了肌肉动力，越来越多的自动化使人的劳动过程简单化。另一方面，丰富的物质生活使人营养过剩和不均衡，导致了诸如高血压、糖尿病、肥胖症等类型的“文明病”。体育锻炼是经过科学处理的身体活动，通过这种有意识的身体活动可引起机体能量物质的消耗，促进身体新陈代谢，使机体获得更多的旺盛的活力，并向着完善的方向转化，是增强体质、预防和抵抗疾病，特别是现代“文明病”的最佳手段之一。

二、教育功能

教育功能是体育最基本的社会功能，就其作用的广泛性而言，它对人类社会产生的影响，是体育其他功能无法比拟的。从原始社会出现体育的萌芽时起，体育就一直是教育的手段之一。当今世界任何一个国家，体育都是教育的一个不可分割的重要组成部分，“德、智皆寄于体”的教育名言已尽人皆知。现代体育教育的意义已不仅在于促进生长发育，增强学生体质，掌握技能，还在于培养学生终身从事体育的兴趣和习惯、优秀的道德品质、团结协作与良好的竞争意识，提高学生综合素质，以适应现代社会的需要。

（一）体育的身体锻炼功能

通过身体活动，提高学生走、跑、跳、投等人体基本活动能力，全面锻炼学生的身体，促进身体形态结构、生理机能和心理发展，提高身体素质，提高对自然环境的适应能力；使学生掌握体育的基本知识、技术和技能，学会科学锻炼身体的方法，养成经常锻炼身体的习惯，提高自我锻炼的能力，使之终身受益。

（二）体育的德育功能

体育的德育功能，作为体育教育的隐性功能，通过体育活动和体育竞赛，在潜移默化中培养学生遵守纪律、团结协作、公平竞争等道德品质。

体育游戏和体育竞赛的规则，可以培养学生遵守规则、遵守纪律的习惯；体育比赛的公平竞争，可以培养学生良好的竞争意识；体育比赛的胜负，为学生提供成功和失败的情感体验，可以培养学生正确对待成功和失败的态度；耐力性体育项目，可以培养学生不怕固难、坚持不懈的意志品质；团体体育项目活动和竞赛，可以培养学生的团结协作和集体主义精神。例如，对方犯规时，是毫不计较还是“以牙还牙”；集体配合不够默契出现失误而最终致比赛失利时，是相互鼓励还是相互抱怨；对裁判员的误判是大方宽容还是“斤斤计较”；比赛胜利时，是骄横自大还是认真总结经验、戒骄戒躁。这些体育运动过程，培养了学生的优良品德。

（三）体育的爱国主义教育功能

就社会教育意义而言，体育作为一种传播体育价值观的理想载体，在激发爱国热情、振奋民族精神方面，能产生不可估量的教育作用。

观赏奥运会和重大国际比赛，观看中国运动员为国拼搏、为国争光，在赛场上升国旗、奏国歌，讲述优秀运动员刻苦训练、顽强拼搏的感人事迹，能够激发学生的爱国热情，增强其民族自尊心和自豪感。运动员们爱国奉献、奋发进取的体育精神，就是爱国主义具体而生动的体现，是对学生很好的爱国主义教育。

（四）体育的意志品质教育功能

意志品质既是在克服困难的过程中表现出来的，又是在克服困难的过程中培养起来的。体育锻炼的特点在于需要不断克服客观困难（如气候条件、动作难度等）和主观困难（如胆怯、畏惧和紧张等），是培养坚强意志品质的有效手段。通过参加场上形势瞬息万变且需要配合默契的球类项目的锻炼，可以使参与者形成果敢的意志品质；通过参加需要克服生理极限、持久性的项目（如长跑、游泳等）的锻炼，可以使参与者养成坚忍的意志品质；通过参加需要腾空、跨越或有一定危险性的项目（如跳高、跨栏、体操、武术等）的锻炼，可以使参与者形成勇敢的意志品质等。因此，体育锻炼有助于磨炼学生的意志，对培养学生吃苦耐劳、坚韧不拔、果断、勇敢、自控、自信等良好的心理品质具有很好的促进作用。

（五）体育的智能教育功能

通过体育教学和身体锻炼，学生可以学习和掌握一定的体育知识、技能和技术，并使思维力、记忆力、观察力、想象力等构成智力的各种能力得到发展。因此，作为一种教育的体育运动，在传授知识，培养技能、技巧，增强人的体质过程中，还包含着培养、开发和提高智能的教育因素。

三、娱乐功能

无论从人的生理、心理还是社会化的需要等方面看，娱乐都是人们精神生活上的重要内容。而愉悦身心、陶冶情操，则是体育本质功能的又一体现。体育往往以其动作的高难度、造型的艺术化、形式的多样化、竞赛的激烈性和比赛结果的不确定性，以及适应性强、社会化广的特点，都能给予参与者及观赏者一种强烈的感情刺激和情感体验。

体育的娱乐功能包含两个层面的内容，一是参加体育运动的过程本身就是一个娱乐的过程；二是体育运动能够娱乐观赏者，能带给观众娱乐的享受。

在参与到自己所喜爱的运动项目中，成功地完成某一动作，在与同伴默契的配合中，在与对手斗智、斗勇、斗体力、拼技术的较量中，在战胜自我，征服自然后的胜利中，会得到一种妙不可言的心理满足和快感，达到了自我价值的充分展示，会增强自己的自尊心、自信心、自豪感。同样，在观看优秀运动员的精彩表演中，时而屏气凝神地注目，时而喜不自禁、如醉如痴地欢呼，无疑对于消除疲劳，调节烦恼与稳定紊乱情绪都会收到积极的效果。由于体育的业余性、消遣性、娱乐性特点，它又成为当代人们消遣、聚会、回归自然、调节感情、充实健康的有效手段。

四、政治功能

体育，特别是竞技体育与政治关系密切，它受一定的政治经济制约，并以特殊的方式为政治服务。具体表现在以下三个方面。

（一）提高国际声誉，振奋民族精神

国际体育竞赛从一个侧面反映一个国家的国力、地位、政治面貌和精神状态，是一个国家政治、经济、文化水平的窗口。比赛的胜负直接关系到国家的荣辱，竞赛牵动着各国民众的国家（民族）情结。因此，世界各国无不重视体育的政治意义，以体育表现实力，扩大影响，提高国际声誉，振奋民族精神。例如，苏联 1952 年第一次参加奥运会就与称霸体坛的美国平分秋色，显示了社会主义国家的力量；1972 年美国在奥运会男篮决赛中输给苏联，引起美国公众的哗然。我国体育健儿多年在奥运会赛场上频频传出捷报，从“零”的突破到 2004 年雅典奥运会金牌总数 34 枚（包括中国台北代表队 2 枚），从中国女排的“五连冠”到中国乒乓球队囊括“世界乒乓球

锦标赛”所有比赛项目的金牌，极大地提高了中国的国际声誉，振奋了民族精神。

（二）为外交服务

在国际事务和国际交往中，体育服务于本国的政治外交，主要体现在两个方面。其一，促进各国人民之间的了解和友谊，通过体育加强国与国之间的文化交流与合作。体育使者常被称为“外交的先行官”，如被国际舆论誉为以小球推动大球的“乒乓外交”，就是一个体育为外交服务的典型实例，它翻开了冷战以来中美关系新的一页。其二，体育在维护国家主权和民族尊严方面，显示出鲜明的政治立场。1956 年，我国坚决反对制造“两个中国”的政治阴谋，断然宣布不参加第 16 届奥运会；为抗议种族歧视，非洲国家体育组织曾集体抵制了 1976 年蒙特利尔奥运会；1980 年莫斯科奥运会，因为苏联军队入侵阿富汗，在国际奥委会承认的 140 余个国家和地区奥委会中，公开抵制和拒绝参加莫斯科奥运会的约占 43%；1984 年美国洛杉矶举行的第 23 届奥运会也同样受到了原苏联为首的东欧国家的抵制。

（三）安定团结，构建和谐社会

体育，尤其是群众体育活动的开展，有助于人际交往，提高群体的凝聚力，对保持社会安定、民族团结和民众和睦有着积极的作用。

五、军事功能

体育的军事功能源于战争的需要。战争，需要身体强健、性格彪悍、勇猛顽强、技艺不凡而又能吃苦耐劳的战士。千百年来，由于身体训练能够增强体质、磨炼意志、提高技能，因此，体育活动成了满足军事需要的重要手段。体育的军事功能主要体现在以下几方面。

（一）增强体能，提高战斗力

体育是增强士兵体能最积极有效的手段。体能在冷兵器时代是直接的战斗力，是军队实力的组成部分。体能的强弱，往往直接决定战斗的胜负，进而影响战争的结局。在现代战争中，复杂的野战条件、严格的时间要求、精密的武器装备，都要求作战人员具有充沛的体力和掌握军事技能的各种良好身体素质。

（二）培养意志品质

体育对培养士兵的集体意识、勇敢顽强和坚忍不拔的意志品质具有良好作用，是其他训练手段难以取代的。现代军体训练不只是为了体能的提高，更主要的是培养士兵的耐受艰难困苦的意志力。

（三）丰富军营文化生活

体育活动是军营文化娱乐活动的重要组成部分，对丰富军营文化生活、活跃军营气氛都有着积极的作用。

六、经济功能

体育的经济功能从1984年洛杉矶奥运会开始逐渐被人们所认识，尤其是进入20世纪90年代，随着竞技体育商业化，健身、休闲、娱乐体育的不断发展，使得体育需求与消费日益增多，体育的经济功能在世界范围内日益显现。

（一）举办大型运动会

一场精彩的体育比赛可以吸引成千上万的观众，可以给一个国家带来巨大商机。大型运动会，除了可以从门票，电视转播权，发行邮票、纪念币、彩票，收纳广告费，印刷宣传品等方面直接获得收入外，还可带动旅游业、商业、交通、电信和新闻出版等行业的发展，并从中得到相当可观的经济效益。例如，1964年东京奥运会，使日本经济开始腾飞；1988年汉城奥运会的成功举办，加速了韩国经济的发展。

（二）体育消费

伴随体育社会化、娱乐化和终身化，体育人口不断扩大，体育消费支出大幅度增加，并带动了运动器材、体育场地设施以及体育用品的生产、建设和供应，体育健身、体育娱乐和体育旅游业都在迅速发展，在国民经济中逐渐形成一个庞大的体育产业。

综上所述，体育已融入社会，融入人们的生活，成为社会文化和人们生活的一部分，在社会主义现代化建设、增进国民体质健康、创建文明及和谐社会方面发挥越来越重要的作用。

第三节　大学体育教育

一、体育在大学教育中的地位

大学教育，是人生的一个重要阶段；大学体育教育，是学子们走向社会之前接受学校体育教育的最后一个平台。在这里大学生要为毕业后走向社会或攀上更高的阶梯奠定坚实的体育基础，养成良好的健康生活习惯和学习习惯，掌握能享用终身的体育技能，形成稳固的终身体育意识和行为。大学体育教育就是在大学生涯中对学生身心的一种培养与陶冶，是对健康的呵护和进行优化的过程。

《中共中央国务院关于深化教育改革全面推进素质教育的决定》中明确指出："健康体魄是青少年为祖国和人民服务的基本前提，是中华民族旺盛生命力的体现，学校教育要树立健康第一的指导思想，切实加强体育工作。"教育是立国之本，是提高国民素质的根本所在，大学体育作为高等教育的重要组成部分，在增进学生身心健康、培养终身体育意识、提高整体素质方面具有不可替代的作用。

二、大学体育的价值取向

（一）社会需要和个体需要相结合

大学体育的作用，是通过对从事体育活动的大学生个体的作用来实现的。大学生最大的特点是具有主观能动性。另外，人与人之间除了具有一般的共同志趣和素质外，不仅在先天遗传因素和后天生活条件方面存在差异，还各自具有某些独特的自主多样性发展的内在需求。一般说来，只有当个体需要获得一定程度的发展和满足，才能更深切地体验到体育运动的价值，从而以最积极的态度，真正自觉主动地投入。作为促进大学生身心发展的体育，当然要遵循上述特点，正确地对待大学生发展的合理需要，积极帮助其培养和提高。

社会需要与个体发展需要相结合的价值取向，必然关注大学生的兴趣、爱好。现代大学体育重视人的情感因素，目的是为大学生创建一种正向的情感体育。因此，培养兴趣、爱好具有双重含义：一方面，通过为大学体育创造更好的诸多环境条件，包括内容、形式、方法、师生关系以及相关的气候环境等，激发大学生兴趣，使大学生在体育活动的过程中体验到乐趣和成功；另一方面，使大学生具有终身从事体育锻炼的态度，这种态度是终身体育的源泉，也是巨大的心理保证。总之，大学生具备了对体育的兴趣、爱好之后，当体育的内容、形式符合大学生兴趣时，体育活动给他们带来的是满足的情绪，能大大调动其积极性；当内容、形式暂不符合大学生兴趣需要时，如果大学生有对于体育活动的积极情感体验的积累，那么基于对体育必要性的认识，就能自觉克服不良的情感体验，主动探求直到获得成功。在这里，激发大学生兴趣、爱好虽不是目的，但却是达到目的所必需的手段。

（二）终身体育的需要

习惯的养成，在中外教育史上都备受推崇。17 世纪英国教育家洛克把“培养大学生良好的习惯”看作“导师的重要工作之一”，他认为，一切教育都归结为养成良好的习惯，往往自己的幸福都归结于自己的习惯。[1]俄国教育家乌申斯基把良好的习惯视为财富，人的一生就享受着它的利益。我国著名教育家叶圣陶先生也曾提出系统养成良好习惯的教育思想。他认为，教育“往简单方面说，只需一句话，就是要养成良好习惯”。[2]“从小学教师到大学教

[1] 洛克．教育漫话 [M]. 北京：商务印书馆，53.

[2] 叶圣陶．叶圣陶教育文集 [M]. 北京：人民教育出版社，79.

授，他们的任务就是帮助学生养成良好的习惯。”（《叶圣陶教育文集》）习惯的养成同样在大学体育中有着极为重要的作用。

从终身体育角度看，大学体育在传授知识、技能，发展大学生身体和心理方面是必不可少的，但并非仅仅这些，更重要的是要让学生通过学习和实践，逐步掌握体育锻炼的行为方式，并转化为他们的习惯，才能终身受益。这正是大学体育的根本职责。

（三）娱乐的需要

娱乐是体育的本质属性，如果体育失去了娱乐的功能，那么，体育也就不能称其为体育了。随着学校体育改革的深入，大学生在社会体育的影响下，不仅把参加体育活动作为课余生活的主要内容，而且为了追求终身的享受，还主动积极地学习和掌握身体娱乐的知识与技能。

（四）个性化和多样化的需要

随着我国社会的发展，教育思想的更新和办学条件的改善，学校体育越来越重视个性化教育，它尊重学生的人格，承认学生的个体差异，重视发展学生的体育兴趣和特长，千方百计地创造条件，引进新的体育项目，丰富学校体育的内容，以满足学生不同需要。而大学生的体育主体意识也不断加强，从各自的不同需要出发，对学校体育提出了多种多样的新要求。

（五）文化传递中“素材”的加工与缔造

大学体育作为文化的组成部分，必然是传递和保存体育运动文化的重要手段。大学体育以有计划、有目的的活动，把体育运动文化转移到受教育者这一载体上，使之在现实中显示生命和价值。

体育运动文化发展到今天，其内容丰富多彩，通过学校来传递，并非一种简单地照搬过程，而是要经过教育者和受教育者的双重选择及整理的过程，具有更新和丰富体育文化的功能。主要表现为：第一，必须符合学生身心发展的客观规律。第二，必须从教育的角度审视，传递健康的文化特质。第三，学生在学习过程中也渗透个人的心理倾向、情趣和经验来选择体育文化。从上述可见，传递体育运动文化，不仅仅是简单地选择何种形式能用，何种形式不能用，实际上是对“素材”的选择、加工与改造。其中，加工改造为可接受的形式来传递体育文化的特质，则是至为关键的。

三、大学体育学习的目标与途径

（一）大学体育学习的目标

大学体育学习的目标是大学生通过高等院校体育的学习要达到的境地和标准。大学体育学习的目标是：了解体育与健康的基本知识；掌握自身从事体育活动的基本能力；理解体育活动在促进人类健康中的作用；形成健康的生活方式，并拥有健康的体魄。

（二）大学体育学习的途径

大学体育学习途径主要有体育课程和课余体育活动。

1. 体育课程

体育课程是为了实现学校的教育目标而制定的使学生增强体质和获得健康体验的方法。它是以身体练习为主要手段，通过合理的体育与健康教育和科学的体育锻炼过程，以增强体质、增进健康和提高体育素养为主要目标的公共必修课程；是学校课程体系的重要组成部分；是高等学校体育工作的中心环节。

《学校体育工作条例》规定：“普通高等学校的一、二年级必须开设体育课。普通高等学校对三年级以上学生开设体育选修课。”

2. 课余体育

课余体育是指学生在课余时间里，运用各种身体练习方法，以发展身体、增强体质、增进健康、提高运动水平和丰富业余生活为目的的体育活动。包括早操、班级体育活动、课余训练、课余竞赛以及校外体育。课余体育是学校体育的重要组成部分，是实现学校体育目标的基本途径之一；课余体育与体育课程相互配合共同完成学校体育的目标。通过课余体育活动，能充实大学生的生活，扩大大学生的活动领域，密切大学生与社会的联系，激发他们的体育兴趣和爱好，发展体育特长，培养开拓精神和创造才能，促进个性的发展。

四、大学体育对大学生的基本要求

大学体育工作对当代大学生的基本要求是：正确地理解体育的价值；掌握科学健身的理论与方法，具备体育锻炼能力和体育指导能力；培养体育兴趣和习惯；塑造强健体魄和健全的人格。

（一）正确理解体育的价值

体育运动引入大学校园并形成一种文化现象，是与大学的教育功能紧密相连的。随着现代科学文化的迅速发展，体育在现代社会中的地位和作用越来越被人们重视，体育的作用和影响远远超出了文化和教育的范畴，具有广泛的社会学意义和心理学意义。体育的目的不仅是锻炼身体，而且还在于培养人格。人的全面素质包括思想品德素质、科学文化素质、身体心理素质、审美素质和劳动素质。现代社会需要高素质的人才，而素质教育的非智力因素则需要通过文化来教养。大学体育文化以其独特的作用和魅力存在于校园文化中，在全面实施素质教育，以及培养人才的过程中发挥着不可替代的作用。

1. 培养良好的道德品质，塑造心灵

从事体育锻炼，不仅可以改善学生身体机能，体育还能调节学生的心理，通过各种体育手段和方法，可以锻炼意志品质，催人奋发进取，培养集体观念，加强组织纪律，协调人际关系，消除精神烦恼，给人带来欢愉，使人身心得以和谐、健康。在体育活动中，通过严密的组织和严格的纪律，培养学生遵守纪律的作风；通过互相配合，养成团结互助的优良品质。

2. 促进学生智力发展，提高学习效率

科学研究证明，长期坚持体育锻炼能保证大脑能源物质和氧气的充足供

应，使大脑神经细胞得到充分发育。同时，不同性质的运动能为整个大脑神经系统提供各种信息，有利于提高大脑皮层细胞活动的强度、均衡性、灵活性，使整个大脑神经系统的结构、功能得到改善和提高。人的大脑在工作一定时间后会有疲劳感，根据高级神经的负诱导规律，运动中枢神经兴奋，可以使思维记忆中枢得到休息，从而很快消除疲劳，提高学习效率。

3. 提高学生的审美意识，陶情冶性

体育是一种健与美统一的活动，体育锻炼能使学生体魄健美，体形匀称，姿态端正，动作矫健，这些既是健康的标志，又是人体美的表现。大学体育能以丰富的内容和独特的形式，培养学生的形体美、动作美、姿态美、仪表美和心灵美，使学生树立正确的审美观，提高感受美、鉴赏美、表达美、创造美的能力。

（二）提高体育能力

能力通常是指人在从事某种活动中表现出来的本领。体育能力即指人在从事体育活动中表现出来的本领。掌握体育理论知识、技术与技能是提高体育能力的基本前提。因此，大学体育必须强化体育知识、技术、技能的传授，决不能削弱和取消。因为，学生只有较全面系统地掌握体育的知识、技术、技能，才能形成与发展较为全面的体育能力，如体育的认识能力、体育的锻炼能力、体育的观赏能力等。

1. 人的基本活动能力

走、跑、跳跃、投掷、悬垂、支撑、爬越和涉水等基本活动能力，既是人的相应个性心理特征反映，又是人基本运动技能的具体表现。它直接影响着人的活动效率与顺利完成的程度。基本活动能力强的人，其实际活动效率相应较高，顺利完成活动的程度较好；基本活动能力弱的人，其实际活动效率相应较低，顺利完成活动的程度相应较差；基本活动能力有缺陷的人，其相应实际活动必有障碍或没有效率或根本不能完成。由于诸多因素的影响，我国青少年的基本活动能力呈下降趋势，这与未来世纪的要求形成很大反差，这一现象应该引起全社会的高度重视。

2. 体育的认识能力

对体育的认识水平、认识程度、认识能力是制约大学生体育意识形成的关键要求。大学生能深刻认识体育的功能作用，即体育与国家、体育与时代精神、体育与个人事业、体育与生活、体育与学习的密切关系，就能积极投入体育活动之中。大学生知识全面、扎实，智力优势明显，具备了提高认识能力的可能与条件。大学生应充分认识到这一点，认真学习体育科学知识，提高认识能力。

3. 体育运动能力

体育运动能力是体育能力的核心部分，在当代倡导终身体育教育中显得尤为重要。具有良好体育运动能力的人，一般对体育运动具有良好的情感体验和自信，并掌握运动的方法和技巧，形成了相对稳定的习惯，甚至爱好，这对终身参与体育是十分有益的。如有的大学生在大学期间掌握某项运动技能，并形成了对该项目的运动兴趣，在课余时间又能经常性坚持该项目的练习，那么，这个运动项目可能会成为其终身参与体育所采用的一种锻炼身体方法。因此，培养学生体育的一技之长，发展学生体育能力，是终身体育的需要。

4. 制订锻炼计划的能力

科学地进行体育锻炼需要有计划，计划是对锻炼内容、时间、方法、运动负荷诸方面的安排。制订锻炼计划的能力体现在对锻炼计划中各项具体内容的合理安排上。从事终身体育锻炼，以求体育锻炼实效，需要大学生具备制订锻炼计划的能力。

5. 自我检查和自我评价能力

在体育锻炼中，及时、准确地进行自检查和自我评价，是锻炼者必须掌握的操作技能，也是体育锻炼能力培养中的一项非常重要的内容。通过检查和评价，能了解锻炼的效果，激发锻炼的自觉性和积极性，并能提供锻炼者自身体质变化的信息，便于进行自我监督，合理安排体育锻炼的内容、方法、负荷等，从而使以后的锻炼获得更好的效果。自我检查能力和自我评价能力是科学体育锻炼应具备的能力。

6. 体育欣赏能力

体育欣赏已为越来越多的人所热爱。据统计，全世界每年参与体育欣赏活动的人数几乎达到世界人目的半数。进行体育欣赏，需要掌握较为丰富的体育知识，运动技术、战术，熟悉和懂得比赛规则和裁判法，又能保持良好的欣赏心态，才达到欣赏目的，取得良好欣赏效果。只有不断提高自己的欣赏水平、欣赏能力，才能充分发挥体育欣赏在改善人类社会生活中的积极作用。

（三）培养体育的兴趣和习惯

1. 体育兴趣是人们积极探究体育活动的认识倾向

人们总是对自己有兴趣的事物进行积极地探究，并常常带有情绪色彩和向往的心情。人们对体育的兴趣往往首先从多姿多彩的运动竞赛、运动游戏、身体练习和运动场馆设施的关注开始，通过对体育诸多的具体内容、方法、手段、设施等的关注和向往，人们的认识活动就会逐渐集中地指向与体育有关的事物。对体育的兴趣，首先是人们在对体育需要的基础上产生和发展的，因为需要的对象即是兴趣的对象。同时我们还必须明白，在较低级的需要基础上产生的兴趣是暂时的，只有建立在文化和精神需要的基础上的兴趣才是持久的，在需要得到满足后又产生更加浓厚的兴趣。高文化层次的大学生理应将自己对体育兴趣建立在高级需要的基础上。

2. 体育爱好是从事体育活动的倾向

当人们对体育的兴趣进一步发展为从事体育活动的倾向时，就发展成了对体育运动的爱好。爱好总是与活动紧密联系在一起的。有的大学生只对体育有观赏的兴趣，而没有积极从事体育活动的爱好，这样就难以使体育运动真正进入自己的生活，就很难养成体育运动的良好习惯。

3. 体育习惯是从事终身体育活动稳定的行为特征

体育习惯是人们经过长期体育实践巩固下来的从事体育活动的行为特征。体育习惯的养成，有赖于体育意识和兴趣的培养，以及持之以恒的意志努力，并有一个从不自觉到自觉、不习惯到习惯的逐步养成的过程。体育习惯一经养成，体育活动就成为人们日常生活中不可缺少的重要内容。

4. 正确对待体育的兴趣、爱好和习惯

首先，从教育的角度出发对待兴趣。学生有兴趣的要发扬，学生无兴趣、但有价值的，应该加以引导。其次，学生参加体育锻炼的兴趣、爱好与习惯，不仅是一般的体育教育过程，而且更要强调这是一个比单纯运动技术传授更为艰巨复杂的教育、培养过程。要使学生形成体育兴趣、爱好、习惯，就必须要实现理论与实践相结合、课内与课外相结合、校内与校外相相合，必须通过多途径、多方式进行体育教育，使学生真正认识到培养体育兴趣、爱好、习惯与终身体育和终身健康密切相关，要保持终身健康、终身参与所必需的体育兴趣、爱好、习惯。从终身体育视角来观察学校体育，它给我们的启迪是：培养兴趣、发展爱好、形成习惯，这是人们步入终身体育的关键。因此，培养学生体育兴趣、爱好与习惯是学校体育教育的重要目标，也是对大学生最重要的要求。

体育的兴趣、爱好、习惯是相互联系、相互促进、相辅相成的。实践证明，通过对体育运动的观赏和参与，通过大学有目的、有计划的体育教育，学生对体育的兴趣一旦发展成为对体育爱好之后，就会成为他们认识和从事体育活动的强大动力，极大提高大学生从事体育活动的主动性和积极性。养成良好的体育习惯，使大学生轻松愉快地体验体育运动的无穷乐趣和促进身心发展的诸多功能，其收益更是久远的。

（四）塑造强健的体魄

增强体质，增进健康，努力塑造强健体魄，应视为大学阶段接受体育教育的直接目标或首要任务。它既受大学体育本质功能的制约，又充分反映现代社会对提高人类自身素质的现实需要，自然也是新世纪对合格人才的基本要求。

1. 大学阶段是塑造强健体魄的关键时期

大学生正处在青春后期和青年期，同化作用和异化作用基本平衡，生长发育日趋稳定，生理机能和适应能力发展到较高水平，是性发育成熟、生命活动最旺盛、身心健康加速发展的关键期。在此关键时期，必须十分重视

通过科学的身体锻炼过程来促进和完成自身正常生长发育，全面发展身体形态、机能，努力提高身体素质和基本活动能力，增加对疾病的抵抗力和对环境的适应能力，谋求塑造强健的体魄。

2. 认真接受体育教育

高等学校体育教育过程主要是在教师的指导下，大学生主动积极地学习和掌握体育与运动的基本知识、基本技术、基本技能的过程，它促进大学生获得参与运动实践的本领和掌握身体锻炼的科学方法，是一个参与运动、掌握技术、发展智力、增强体力的综合过程。在潜移默化的大学体育教育中，通过教师的引导和学生自身的主动陶冶而建立正确的体育意识，提高体育的基本能力，培养体育兴趣和习惯，塑造强健体魄，从而真正体现出体育教育能促使自己受益终身。

（五）塑造健全的人格

现代奥林匹克运动创始人顾拜旦阐明："体育运动不仅锻炼一个人的体魄，它同心理的关系与其他生理关系一样，能够影响人的悟心、性格和良心，因而，它是一副社会、道德的改良剂。"体育是将体格、品德、性格加以磨炼并有机地融为一体的教育手段。体育具有全面育人、塑造健全人格的特征。通过体育教育不但强健了大学生体格，而且也健全了大学生人格。通过各种多样的球类活动和运动竞赛，有益于培养学生群体精神、协作精神、拼搏精神以及遵纪守法、尊重他人、文明礼貌、胜不骄败不馁的品德和乐观、开朗、合群的性格。通过田径、体操等项运动又可培养学生勇敢果断、坚忍顽强、奋发进取、吃苦耐劳的优秀品质。体育教学内容丰富，途径多样，方式众多，具备了塑造大学生人格的诸多优势条件。大学生应积极投入到丰富多彩的体育活动之中，在体育活动中强健体魄、完善人格。

五、大学体育的组织形式

《学校体育工作条例》规定了学校体育工作是指体育课教学、课外体育活动、课余体育训练和体育竞赛。“这是学校体育工作的组织形式，它构成了学校体育工作整体，为实现学校体育目的而服务。”我国学校体育，应根据这一规定，结合高校实际，充分利用各种组织形式，开展高校体育与健康活动。

（一）体育课程

1. 体育课程

体育课程是大学生以身体练习为主要手段，通过合理的体育教育和科学的体育锻炼过程，达到增强体质、增进健康和提高体育素养为主要目标的公共必修课程；体育课程是学校课程体系的重要组成部分；体育课程是高等学校体育工作的中心环节。

体育课程是促进身心和谐发展、思想品德教育、文化科学教育、生活与体育技能教育于身体活动并有机结合的教育过程；体育课程是实施素质教育和培养全面发展的人才的重要途径。

2. 课程目标

（1）基本目标。基本目标是根据大多数学生的基本要求而确定的，分为五个领域。

①运动参与目标：积极参与各种体育活动并基本形成自觉锻炼的习惯，基本形成终身体育的意识，能够编制可行的个人锻炼计划，具有一定的体育文化和欣赏能力。

②运动技能目标：熟练掌握两项以上健身运动的基本方法和技能；能科学地进行体育锻炼，提高自己的运动能力；掌握常见运动创伤的处置方法。

③身体健康目标：能测试和评价体质健康状况，掌握有效提高身体素质、全面发展体能的知识与方法；能合理选择人体需要的健康营养食品；养成良好的行为习惯，形成健康的生活方式；具有健康的体魄。

④心理健康目标：根据自己的能力设置体育学习目标；自觉通过体育活动改善心理状态、克服心理障碍，养成积极乐观的生活态度；运用适宜的方法调节自己的情绪；在运动中体验运动的乐趣和成功的感觉。

⑤社会适应目标：表现出良好的体育道德和合作精神；正确处理竞争与合作的关系。

（2）发展目标。发展目标是针对部分学有所长和有余力的学生确定的，也可作为大多数学生的努力目标，分为五个领域。

①运动参与目标：形成良好的体育锻炼习惯；能独立制定适用于自身需要的健身运动处方；具有较高的体育文化素养和欣赏水平。

②运动技能目标：积极提高运动技术水平，发展自己的运动才能，在某个运动项目上达到或相当于国家等级运动员水平；能参加有挑战性的野外活动和运动竞赛。

③身体健康目标：能选择良好的运动环境，全面发展体能，提高自身科学锻炼的能力，练就强健的体魄。

④心理健康目标：在具有挑战性的运动环境中表现出勇敢顽强的意志品质。

⑤社会适应目标：形成良好的行为习惯，主动关心、积极参加社区体育事务。

3. 课程设置

（1）普通高等学校的一、二年级必须开设体育课程（四个学期共计 144 学时）。修满规定学分、达到基本要求是学生毕业、获得学位的必要条件之一。

（2）普通高等学校对三年级以上学生（包括研究生）开设体育选修课。

4. 课程结构

（1）为实现体育课程目标，应使课堂教学与课外、校外的体育活动有机结合，学校与社会紧密联系。要把有目的、有计划、有组织的课外体育锻炼、校外（社会、野外）活动、运动训练等纳入体育课程，形成课内外、校内外有机联系的课程结构。

（2）根据学校教育的总体要求和体育课程的自身规律，应面向全体学生开设多种类型的体育课程，可以打破原有的系别、班级建制，重新组合上课，以满足不同层次、不同水平、不同兴趣学生的需要。重视理论与实践相结合，在运动实践教学中注意渗透相关理论知识、并运用多种形式和现代教学手段，安排约10%的理论教学内容（每学期约4学时），扩大体育的知识面，提高学生的认知能力。

（3）要充分发挥学生的主体作用和教师的主导作用，努力倡导开放式、探究式教学，努力拓展体育课程的时间和空间。在教师的指导下，学生应具有自主选择课程内容、自主选择任课教师、自主选择上课时间的自由度，营造生动、活泼、主动的学习氛围。

（4）应把校运动队及部分确有运动特长的学生的专项运动训练纳入体育课程之中。对部分身体异常和病、残、弱及个别高龄等特殊群体的学生，开设以康复、保健为主的体育课程。

5. 课程内容与教学方法

（1）健身性与文化性相结合。紧扣课程的主要目标，把“健康第一”的指导思想作为确定课程内容的基本出发点，同时重视课程内容的体育文化含量。

（2）选择性与实效性相结合。学校应根据学生的特点以及地域、气候、场馆设施等不同情况确定课程内容，课程内容应力求丰富多彩，为学生提供较大的选择空间。要注意课程内容对促进学生健康发展的实效性，并注意与中学体育课程内容的衔接。

（3）科学性和可接受性相结合。教学内容应与学科发展相适应，反映本学科的新进展、新成果。要以人为本，遵循大学生的身心发展规律和兴趣爱好，既要考虑主动适应学生个性发展的需要，也要考虑主动适应社会发展的需要，为学生所用，便于学生课外自学、自练。

（4）民族性与世界性相结合。弘扬我国民族传统体育，汲取世界优秀体育文化，体现时代性、发展性、民族性和中国特色。

（5）充分反映和体现教育部、国家体育总局制定的《学生体质健康标准（试行方案）》的内容和要求。

（6）教学方法要讲究个性化和多样化，提倡师生之间、学生与学生之间的多边互助活动，努力提高学生参与的积极性，最大限度地发挥学生的创造性。不仅要注重教法的研究，更要加强对学生学习方法和练习方法的指导，提高学生自学、自练的能力。

6. 课程建设与课程资源的开发

（1）体育教师是课程教学的具体执行者和组织者。学校应当在上级行政部门核定的教师总编制内配备合格的体育教师，按照体育课程教学计划授课、开展课外体育活动并完成培养优秀体育人才训练的任务。

（2）体育教师要与时俱进，努力提高自身的政治、业务素养。学校应当有目的、有计划地安排体育教师定期接受教育培训，不断完善他们的知识结构、能力结构，逐步提高学历水平，从而提高体育师资队伍的整体水平，以适应现代教育的需要。

（3）体育教师在强化培养人才职能的基础上，逐步加强学校体育科学研究的职能和社会服务（含社区体育）的职能，开展经常性的科学研究和教育教学的研究，不断推广优秀教学成果。

（4）学校应当按照教育部发布的“普通高等学校体育场馆设施、器材配备目录”及有关规定进行规划和建设，创造条件满足体育课程的实际需要，采取措施延长体育场馆、设施的开放时间，提高对各项体育设施的利用率。

（5）要建立、健全体育课程的各项规章制度和教师培养聘任制度；各类教学文件和教师、学生考核资料须归档立案；建立《学生体质健康标准》测试管理系统；建立体育场馆设施、器材的管理系统；逐步实现体育课程管理的科学化、系统化和计算机网络化。

（6）各校应根据《学生体质健康标准》和学校的实际情况制定教学大纲，自主选择教学内容，有的放矢地进行教学改革和试验，加强教学过程控制，根据体育课程的实际情况，为确保教学质量，课堂教学班人数一般以30人左右为宜。

（7）体育课程教材的审定工作由教育部全国高校体育教学指导委员会统一规划与组织。本着“一纲多本”的原则，博采众长编写高质量的教材。学校不应选用未经全国高校体育课程教学指导委员会审定通过的体育课程教材，要杜绝质量低劣的教材进入课堂。

（8）因时因地制宜开发利用各种课程资源是课程建设的重要途径，如：

①充分利用校内外有体育特长的教师、班主任、校医、家长、学生骨干等，开发人力资源。

②充分利用校内外的体育场馆设施，合理布局，合理使用有限的物力和财力，开发体育设施资源。

③做好现有运动项目的改造和对新兴、传统体育项目的利用，开发运动项目资源。

④充分利用各种媒体（广播、电视、网络等）获取信息，不断充实、更新课程内容。

⑤充分利用课外时间和节假日，开展家庭体育、社区体育、体育夏（冬）令营、体育节、郊游等各种体育活动，开发课外和校外体育资源。

⑥充分利用空气、阳光、水、江、河、湖、海、沙滩、田野、森林、山地、草原、雪原、荒原等条件，开展野外生存、生活方面的教学与训练，开发自然环境资源。

7. 课程评价

体育课程评价包括对学生的学习、教师的教学和课程建设三个方面的评价。学生的学习评价一般是对学习效果和过程的评价，主要包括体能与运动技能、认知、学习态度与行为、交往与合作精神、情感表现等，通过学生自评、互评和教师评定等方式进行。评价中应淡化甄别、选拔功能，强化激励、发展功能，把学生的进步幅度纳入评价内容。教师的教学评价内容主要包括教师业务素养（专业素质、教学能力、科研能力、教学工作量）和课堂教学两个方面，可通过教师自评和学生评价、同行专家评议等方式进行。课程建设评价的内容主要包括课程结构体系、课程内容、教材建设、课程管理、师资配备与培训、体育经费、场馆设施以及课程目标的达成程度等，采用多元综合评价的方式进行。评价过程中，应重视学生的学习效果和反映，重视社会有关方面的评价意见。

（二）课外体育活动

课外体育活动是高校体育与健康课程的延续和补充，是实现高校体育目的的重要组织形式。开发课外体育活动应当从实际情况出发，因地制宜、生动活泼。根据本校实际情况和传统特点，因人、因时、因地制宜开展多种多样的课外体育活动，这对巩固和提高体育课程的教学效果、增强大学生体质、提高文化学习质量、丰富校园生活、增强集体凝聚力，促进精神文明建设等方面都会起到良好的作用。课外体育活动主要有以下一些形式。

1．早操

早操即清晨运动，是大学生合理的作息制度中的重要组成部分，是每天起床后坚持的体育活动。早操要坚持，一般以15～20分钟为宜。早操应根据大学生个体的兴趣与需要，根据地区地理与气候条件，选择多种多样的内容，可以开展健身跑、广播体操、健身气功、太极拳、散步、健美操，以及各种身体素质锻炼等基本内容。早操的组织可以集体与个人活动相结合，一般是分班（组）召集、个人活动为主，体育教师或体育骨干可定期组织与辅导。大学生坚持做早操，不仅是保持合理的生活作息制度、锻炼意志、养成良好的卫生习惯、促进身体健康的良好措施，也是为每天从事脑力劳动做好准备活动，它可以消除抑制，兴奋神经过程，活跃生理机能，促进有机体以良好的状态进入一天的学习生活。此外，开展早操对于校园学风建设，促进校园精神文明也有重要意义。

2．课间活动

课间活动或课间操，是文化课下课后，在教室周围进行的几分钟的轻微活动，或第二节课下课后（大休息）集中时间进行体育活动。课间活动时间一般以3～10分钟为宜，运动负荷不宜过大，以散步、广播体操、太极拳等轻柔的内容为主。一般以个人活动为主，也可以以班、组为单位进行。课间活动主要意义在于活动躯体，进行积极性休息，消除上课时静坐的体力疲劳，为下一堂课学习注入更充沛的精力。

3．课外体育锻炼

课外体育锻炼是大学生结束一天课程学习之后，进行的有目的、有计划、有组织的体育锻炼，应当以学生体质健康标准的达标活动为主要内容，如等级运动员制度的有关项目，健美操、武术、太极拳、健身气功、登山、游泳、滑冰等，并与组织体育观赏等活动结合起来，从各校实际情况出发，因人、因地、因时制宜。班级体育锻炼的组织方法，一般可以以教学班为单位，分组、分项、定点组织活动，也可以用小型多样的比赛形式进行活动，要方法多样、生动活泼。具体安排应在本系领导之下，以年级或班级为单位，由大学生体育骨干组织，本系的体育教师协助，开展体育锻炼，也可由俱乐部组织进行。由于班级体育锻炼是利用大学生课余时间进行，组织工作比较复杂，因此，在组织活动过程中，要充分调动大学生参加锻炼的主动性和积极性；要充分发挥体育骨干在开展体育锻炼过程中的组织作用；要重视体育锻炼安排；要制订切实可行的体育锻炼计划，建立各项规章制度，合理安排和使用体育场地器材等。实践证明，搞好高校班级体育锻炼，可以使大学生增强体质、增进健康、锻炼意志、陶冶情操、丰富知识、拓展视野，达到身心完善、精神饱满。因此，班级体育锻炼是大学生课余生活的重要内容，它不仅是高校体育与健康过程的重要方面，也是高校占领课外思想阵地、丰富校园文化生活、建设精神文明重要手段之一。

（三）课外体育训练

课外体育训练是指高校利用课余时间，对部分身体素质较好，并有体育专长的大学生进行系统训练的一种专门教育过程，它是实现高校体育与健康目的的重要组织形式。

高校开展课外体育训练是贯彻、普及和提高相结合的重要措施。它一方面可以把有体育才能的大学生组织起来，在实施全面锻炼，在进一步增强体质的基础上，进行专项训练，提高运动技术水平，创造优异成绩，在参加校际和国际交往中，为校为国争光，并可为优秀运动队伍培养后备人才；另一方面可以培养体育骨干，指导普及体育训练，推动高校体育活动的蓬勃开展，并在训练和比赛过程中，扩大体育文化传播，丰富课余文化生活，促进校园精神文明建设。

为了搞好高校课外体育训练，在工作中应当切实做好以下几点。

（1）要从本地区、本校实际情况出发，设项、组队。高校设立什么项目，建立多少运动队，既要考虑全国、本省、本地区的体育运动水平与需要，更重要的是应考虑本校实际，使之建立在群众性体育活动较为广泛，或者已形成传统体育项目的基础上。同时要注意本校人、财、物和其他条件的可能，以此来设项、组队，要防止追求多而全。

（2）要把体育体制与教育体制相结合，并纳入教育体制的轨道。这就要求，高校开展课外体育训练要从身心健康的人才出发，努力做到：坚持课余训练，正确处理文化学习与体育训练的关系，科学地安排训练时间；坚持基础训练，正确处理训练与比赛的关系，科学地安排训练计划，进行系统训练；坚持思想教育，处理好思想教育与日常各项工作的关系，把思想教育贯穿到体育训练的全过程。

（3）要充分利用高校的有利条件。要充分利用高校的有利条件，发挥大学生在智能和体能方面的优势，坚持科学训练，开展科学研究，总结适应高校课外体育训练的规律。

（4）要加强科学管理。健全各项规章制度，合理安排人力、物力，充分调动师生参加课余体育训练的积极性。

（四）体育竞赛

体育竞赛是高校课外体育的组成部分，是实现高校体育目的的重要组织形式。高校开展体育竞赛，对于检验体育教学和训练效果，交流经验，互相学习，促进运动技术水平的提高；对于广泛吸引大学生参加体育活动，推动高校群众性体育活动的开展，增强体质，增进才智；对于丰富大学生课外文化生活，开展宣传教育，增强体育意识，培养勇敢顽强、奋发向上、团结友爱、遵纪守法等优良品质和集体主义精神，建设校园精神文明等方面都有重要的作用。

全校性的运动会，项目多、人数广、声势大，不仅可以检阅学校体育工作，而且可以宣传体育，用以推动群众性体育活动的开展。

高校体育竞赛有校内竞赛和校外竞赛，应以校内体育竞赛为主。要经常开展校内群众性体育比赛，如组织各种球类、定向运动、越野跑、“达标”等群众喜闻乐见的体育比赛。在工作上可由校、系、年级、班级等分级组织，或俱乐部等社会团体组织，安排各种体育比赛。

为了开展体育宣传，扩大体育视野，丰富文化娱乐生活，推动高校体育活动的开展，各校可以从实际出发，采用表演赛、友谊赛、邀请赛等形式，组织校内外较高水平的运动队进行比赛。开展体育宣传，扩大体育视野，丰富学校文化娱乐生活。

第二章 体质与健康概述

第一节 健康及其测量

一、健康的概念

健康的概念是随着人类对客观世界认识的不断深化而逐渐改变的，过去，由于受传统观念、世俗文化，以及科学技术和医学发展的限制，人们对健康的认识单纯理解为“无病、无伤和无残”或“健康是机体的一种动态平衡状态”等，并将“没有疾病”作为衡量健康的唯一标准。显然，以上观点都具有消极的成分，不能准确地反映健康的本质或全部。

世界卫生组织（WHO）于 1948 年，在其宪章中首次给健康明确了含义：“健康不仅是免于疾病和衰弱，而是保持体格方面、精神方面和社会方面的完美状态。”此后，WHO 在 1978 年 9 月召开的国际初级卫生保健大会通过的《阿拉木图宣言》中又重申了健康的含义，指出“健康不仅仅是没有疾病或不虚弱，而是包括身体、心理和社会适应等方面的良好状态”。并指出：“健康是基本人权，达到尽可能的健康水平是世界范围内一项重要的社会性目标。”2000 年，世界卫生组织根据健康的新含义，提出了健康的 10 条标准。

（1）有充沛的精力，能从容不迫地应付日常生活和工作压力而不感到紧张。

（2）处世乐观，态度积极，乐于承担责任，事无巨细，不挑剔。

（3）善于休息，睡眠良好。

（4）应变能力强，能适应外界环境的各种变化。

（5）能抵抗一般性的感冒和传染病。

（6）体重适当，身体匀称，站立时头、肩、臀的位置协调。

（7）眼睛明亮，反应敏锐，眼睑不发炎。

（8）牙齿清洁，无空洞，无痛感；齿龈颜色正常，不出血。

（9）头发有光泽，无头屑。

（10）肌肉、皮肤富有弹性，走路轻松有力。

二、人体健康的基本特征与标准

健康是人类生存和发展的最基本条件，是人生第一财富。因此人们最常说的祝词就是“祝您健康”。可是什么是健康呢？有人说无病就是健康，也有人说身体强壮就是健康。其实，健康的概念远非人们理解的这么简单。健康是一种身体上、心理上和社会适应上的完好状态，而不仅是没有疾病和虚弱的现象。由此，健康应包括生理健康、心理健康、道德健康、社会适应几方面内容。

（一）生理健康（体质健康）

1. 概念

生理健康也称体质健康，体质是指人体的质量。它是在遗传性上表现出来的人体结构、生理机能、心理素质、身体适应、身体素质与运动能力的综合的相对稳定的特征。人的体质是因人而异的，受遗传、环境、教育、运动等多种因素的影响。生理健康（体质健康）是指人体在形状、结构、机能、体能和环境适应上的良好状态。

2. 生理健康的基本特征

（1）身体与形状结构的发育状况良好。主要是指人的体格、体形、各器官发育的状况完善、良好。

（2）生理机能水平高。指机体新陈代谢旺盛，各器官、系统的工作效能高。

（3）心理发育与心理素质好。指人的本体感知能力好，意志与个性发展良好等。

（4）身体素质好与运动能力强。指身体在运动过程中表现出良好的速度、耐力、力量、灵敏、柔韧等素质以及很强的跑、跳、投、攀、爬和应变等运动能力。

（5）身体具有良好的适应能力。指身体对内外环境的变化有良好的适应能力，并且能有效地抵抗各种致病因子（如细菌、病毒等）和气候等自然环境变化对机体产生的不良影响。

上述五个方面的特征综合起来反映生理健康的水平。五个特征是相互影响、相互制约的，相互之间是存在与价值的统一、结构与功能的统一。

3. 生理健康的基本标准

（1）眼睛有神。眼睛有神是健康的重要标志。眼睛的健康不仅仅是说眼睛要达到5.3的标准视力，更重要的是要目光炯炯有神、灵敏、无呆滞，因为人的“五脏六腑之精气皆上注于目”，眼睛有病，同时反映了脏腑的病变。

（2）呼吸微徐。指人的呼吸从容不迫，不疾不徐。呼吸与人体脏腑功能密切相关。经常从事身体锻炼的健康者，安静时的呼吸频率为每分钟8～12次。

（3）心率缓匀，搏动有力。指人的心脏功能完好，心率缓匀是指健康者的心搏徐缓，心肌收缩有力，工作效率高。经常从事身体锻炼的健康者在安静时的心率为每分钟60次左右。

（4）体格健壮。指人体皮肤润滑，骨肉致密，肌肉线条分明，收缩有力，身体匀称，不胖不瘦，体重适当。

（5）面色红润。面色是五脏气血的外在体现。

（6）牙齿坚固。牙齿的坚固和完整，一方面利于消化功能，同时反映肾功能的良好。牙齿的松动、发黑、脱落是人体衰老的表现。

（7）双耳聪敏。耳与各组织器官密切相关，人体的许多病变都可通过经络而反映于双耳。如听力减退、迟钝、失听是脏器功能衰退的表现。

（8）腰腿灵便。肝主筋、肾主骨，腰为肾之腑，四肢关节之筋皆赖肝血以养，所以腰腿灵便、步履从容，则证明肝肾功能良好。

（9）声音洪亮。声由气发，声音洪亮，反映肺功能的良好。

（10）须发润泽。发的生长与血有密切关系，故称“发为血之余”。同时，头发又依赖肾脏的精气的充养。过早斑白，是一种早衰现象，反映肝血不足，肾精亏损。

（11）食欲正常。饮食的多少直接关系到脾胃的盛衰。

另外，《国家体育锻炼标准》和一些卫生保健指标也是评价人体生理健康的重要标准。

（二）心理健康

1. 概念

心理健康是指人在情绪、意志、平衡人际和社会关系等方面处于良好状态。

2. 心理健康的基本特征

（1）有良好的自我控制和调节能力。这里主要是指能很好地控制和调节自己的情绪。养生学家胡夫兰德说："一切对人不利的影响中，最使人短命的就是不良的情绪和恶劣的心境，如忧虑、沮丧、惧怕、贪求、怯懦、忌妒和憎恨等。"所以，有良好的控制和调节情绪的能力是心理健康的重要特征。

（2）对于外界的刺激有良好的应激能力。生活在社会中的人总逃脱不了来自各方面的刺激和干扰，但为了正确应付和处理这些刺激和干扰，必须要具备良好的心理素质，良好的意志品质和思维能力更为重要。

（3）心理经常处于平衡和满足状态。知足者常乐，这是人的心理平衡的完美表现，是心理健康的明显特征。另外，人有理想，善于追求，不断地进取，可以使人生活充实、精神富有、心理平衡，从而使人进入更高的精神境界，实现更完善的心理健康。

3. 心理健康的基本标准

（1）有充分的安全感。在和平与发展的世界里生活，个人心理的安全感主要来自自己不做亏心事，善交朋友，工作与生活作风严谨，努力进取。只有这样才能减少后顾之忧，消除一切不安感。

（2）有自知之明。心理健康者时常能体验到自己存在的价值，既了解自己，又接受自己，对自己的能力、性格和优缺点都能做出恰当的、客观的评价；不对自己提出苛刻的、非分的期望与要求；个人生活目标切合实际；善于尽自己的能力补救客观的不足。

（3）善于平衡人际关系。处理好人际关系是心理健康的重要标志。心理健康者善于与人相处，悦纳他人，能意识到他人存在的重要性和价值。同时自己也能为他人所理解，为他人和集体所接受，能与他人相互沟通和交往、协调人际关系；能与生活的集体融为一体，既能在与挚友同聚时共享欢乐，也能在独处沉思时无孤独之感；与人相处有积极的态度。

（4）正视现实。心理健康者往往是面对现实、接受现实，能与周围的现实环境保持良好的联系；既有实现远大理想的决心，又不会沉湎于不切实际的幻想与奢望之中，同时还相信自己的力量与能力；在困难和挑战面前有勇有谋。

（5）热爱生活，乐于工作。对待生活与工作有一种积极的态度，一方面，反映了一个人良好的品德；另一方面，反映了一个人的心理是健康的。事实上，只有对生活与工作充满信心、充满乐趣，才能获得良好的心理平衡。

（6）能保持人格的完整与和谐。人要在生活与工作作风上严谨、品德高尚、言行规范、整体和谐，脱离低级趣味。人格的完整与和谐是心理健康的重要体现。

（7）善于学习，努力进取。心理健康的人在生活的道路上是不会止步的，善于从经验中努力寻求新的进取目标，这样就能保持生活充实、精神富有、情绪和谐。

（8）在一定环境条件下适度发挥个性。完善而健康的人是有个性的，但个性必须在适当条件下得到发挥和表现，这样才能获得应有的心理满足，保持心理健康。

（9）能适度地宣泄情绪和控制情绪。过度地发泄自己的情绪属于失控，是心理不健康的表现，所以人的七情六欲必须要适度地加以控制。

（10）在现实社会条件下，适当地满足个人的基本要求。心理健康者应该有正常的生活、生理和精神等方面的基本要求。如果过分地约束自己，反而会影响心理健康。

（三）道德健康

1. 概念

道德健康是指人的信仰、品德、情操、人格等处于积极向上、高尚和完善的状态。

2. 道德健康的基本特征

（1）有健康、积极向上的信仰。良好的信仰是形成道德健康的基石。一般来讲，信仰的形成、世界观的确立是经过了较长期的思想活动、心理活动、生理活动和社会活动而取得的，这些活动本身就促进了人体的健康与发展，同时，健康、积极向上的信仰又不断促进人体健康的多种因素的发展，形成更完善的人体健康发展体系。这是道德健康的主要特征。

（2）具有高尚的品德与情操。道德健康者往往体现在品德与情操的高尚上，以奉献为乐、助人为乐，不计较个人得失，心胸宽畅；不形成精神上的空虚，道德上的危机，表里如一，精神可嘉。这是道德健康的重要特征。

（3）有完美的人格。道德健康者的人格是完美的，具体表现为：有良好的做人准则，不两面三刀，不搬弄是非，不自私自利，不为难他人，吃苦在前、享受在后，对生活和事业充满信心等。

3. 道德健康的基本标准

（1）有坚定而完善的人格信念。人格信念实质是做人的准则，不只是停留在口头上，更重要的是落实在行动上。

（2）作风正派，遵纪守法。作风正派是遵纪守法的基础。具备这种素质的人不仅是道德健康的体现，更有利于促进身体健康。

（3）坚持真理，敢于斗争。善于坚持真理的人，心里踏实，具有战胜困难的勇气和信心，并且能受到多数人的尊重，这是道德健康的重要方面。

（4）努力工作，乐于奉献。道德健康者时常把工作放在重要的地位，不计较个人得失，以勤奋为本，以奉献为乐。

（5）严于律己，团结大学生。严格要求自己，宽以待人，是一种高尚的品质，时常赢得大学生的欢迎，这种人善于团结大学生，这实际上能获得一种健康的心理满足。

（6）生活简朴，以苦为乐。思想充实，精神富有，再简朴、再艰苦的生活都充满乐趣。

（7）对社会、朋友、家庭要善于承担责任。道德健康的重要一点就是有责任感。损公利私、坑害朋友、背叛家庭等是极不道德的行为，同时也更有害于自己的健康。

（8）善于学习，努力进取。道德健康者是不满足于工作、学习的现状的，他们善于从经验中学习，有改造世界的决心和信心，不断攀登事业的高峰，在前进中获得满足，获得健康。

（9）谦虚谨慎，戒骄戒躁。这条标准是人的重要美德。

（10）容纳他人的进步与发展。品德高尚的人不仅要能与人共事，更重要的是能促进和容纳他人的进步与发展。这种心理的宽容度和思想的进步性是道德健康的重要标志。

（四）社会适应

1. 概念

社会适应是指人在适应社会环境变化与发展的过程中处于良好状态。

2. 社会适应的基本要素

（1）承认社会的可变性与复杂性。人走向社会，不能故步自封，不能以自己的意志为转移，必须承认现实的可变性与复杂性，并想办法适应现实。否则，个人将处于一种不健康的状态。

（2）不断改变自己的工作、生活与学习习惯。一个人要很好地适应社会，有时必须改变自己的不良习惯，这也是一种适应的方法。

（3）不断地学习新知识，接受新事物。社会每天都在发展，新生事物不断出现。一旦不能接受新事物，就会造成不能适应社会的状态。

（4）不断调整理想与现实的差距。个人的理想是在一定的社会条件下形成的，当社会的发展与个人的理想形成差距时，必须调整自己的理想，或者是改变实现个人理想的方法和途径，这样才能使自己的身心不断适应社会的进步与发展。

（5）不断加强身体锻炼。健康而强壮的身体是人适应社会变革的物质基础。无论社会怎么变化，工作与生活环境多么差，只要有健康的身体，人就可以适应社会和改造社会。

三、影响健康的因素

个体和群体的健康伴随生存时间的延长逐渐改变，一个人从出生到死亡，表现出起伏不定的健康曲线，影响这一过程的因素是多方面的，如先天遗传、后天自然环境、营养卫生和体育锻炼等。

（一）先天遗传

遗传是指子代和亲代之间在形态结构和生理功能上的相似性，是一切生物共有的基本特征。人们是否能达到健康目标，在一定程度上取决于遗传控制。遗传是决定或限制健康状态表现的直接因素，许多人健康或不健康就是由各自的遗传潜力决定的。

（二）后天自然环境

1. 环境因素

环境因素可在不同程度上影响遗传所赋予健康潜力的发挥，并最终决定健康可能达到的程度。环境可分自然环境和社会环境。机体从自然界摄取氧和营养物质进行新陈代谢，但是，许多环境因素却对健康产生负面影响。如人体长时间暴露在污染的空气、水和土壤等危险的工作环境中，造成许多致病微生物（病毒、细菌和病原体等）直接侵入机体，引发各种疾病。

2. 生活方式

合理的生活方式是指一个人根据自己的年龄特点和卫生要求，每天按一定的生活制度进行有规律的学习、工作、饮食、睡眠以及参加各种课余活动和体育锻炼的生活方式。遵循合理的生活方式对增进健康、提高学习和工作的效率有重要意义。

（三）合理的营养与饮食

营养和体育锻炼都是维持和促进人体健康的主要因素，营养是保证人类正常生长发育，保持健康与增强体质的重要外界因素。合理的营养能促进生长发育、增进健康、预防疾病和提高工作能力。不合理的营养不仅影响生长发育降低工作能力，而且使人衰弱，容易患各种疾病。

（四）体育锻炼

世界万物都处在不停地运动中，人体也是如此，机体时刻都在运动，通过有规律的、不间断的适当运动，就能维持人体良好的功能状态，精力充沛地从事学习和工作，达到健康长寿的目的。缺乏运动的人，在身体不同部位会产生不同的疾病，在体质方面会造成身体适应性差、免疫功能低、易患各种疾病。青少年正处于身体急剧变化的发育期，体育运动是青少年生长发育的催化剂，健康不仅对自己有益，而且还能够造福后代。如果青少年时期缺乏运动，不仅影响生长发育，而且对终身的健康也是不利的。

四、健康的测量

（一）健康检查的意义

随着人们生活水平的不断提高，人人渴望健康，追求健康已经成为时代发展的必然趋势。定期进行健康检查，是了解身体发育程度、健康状况和身体机能水平的重要手段，是人体保健的基本措施之一，可以带给人们一个了解自身健康水平的结果；通过健康检查资料整理、分析与研究，为合理组织体育活动提供依据，对建立身体的健康档案，研究人体不同年龄阶段的健康水平的变化规律，及时发现和预防疾病等方面具有重要意义。

（二）健康检查的内容

健康检查的内容较多，每次健康检查的内容可以根据不同的目的而定，一般的综合性健康检查应包括患病史、运动史、体表检查、一般临床物理检查、形态测量、功能试验、化验检查以及特殊检查等。

1. 患病史

询问的内容包括病史和生活史，要询问既往患病史和预防接种史，特别要注意询问影响内脏器官功能和运动能力的一些重大疾病，如心脏病、高血压病、肺结核、肝炎、肾炎等。也要询问工作性质、劳动条件、生活制度、营养状况、有无饮酒或吸烟等不良嗜好。

2. 运动史

要询问参加体育活动的情况，了解是否经常参加活动，运动项目和年限，有无过度训练史或其他运动伤病等。

3. 体表检查

体表检查一般包括皮肤病和静脉曲张，皮下脂肪的厚度，扁桃腺、甲状腺和淋巴结是否肿大，以及脊柱、胸腹、下肢和足弓的形状等，并判断人体直立位的标准姿势。

4. 一般临床物理检查

心血管系统：检查脉搏的频率，注意脉搏的紧张度、充盈度和节律。有无胸廓畸形和心脏异常搏动。听诊心跳速率、节律、心音强度及有无杂音，并测量血压。

呼吸系统：观察胸腹形状及其活动情况，以及呼，吸频率、节律和呼吸类型（胸式和腹式呼吸），叩诊检查有无浊音、肺底位置及其活动性，听诊时注意有无呼吸音异常的改变。

消化系统：检查有无舌苔、巩膜黄染、牙齿异常、腹部压痛、肿块和肝脾肿大、胃肠和十二指肠急、慢性炎症或溃疡，并注意腹壁肌力。

神经系统与感觉器官：检查神经衰弱、眼、鼻等是否有疾患。

5. 形态测量

通过形态测量可以研究人体形态和体质特征，判断体育锻炼的效果，并可发现存在的问题，以便采取有效的改善措施。其测量内容包括：身高体重、坐高、胸围和呼吸差、颈围、腰围、四肢围（上臂围、前臂围、大腿围、小腿围）、四肢各环节长度（上肢全长、上臂长、前臂长、手长、下肢全长、大腿长、小腿长、足高、足背高、足长)、肩臂长和手足间距、肢体宽度(肩宽、骨盆宽等),其中身高、体重、胸围三项是评价发育程度的基本指标。

6. 功能检查

功能检查包括运动系统检查中的肌力、关节活动度或柔韧性的检查;心脏血管系统检查中的定量负荷试验;呼吸系统功能检查的五次肺活量试验、肺活量运动负荷试验、闭气试验和检查心肺功能的PWC170试验、最大摄氧量测定等,此外还要检查神经系统、消化系统和泌尿系统的功能等。

7. 化验检查

化验检查包括血液、尿液的常规检查及生化检查等。

8. 特殊检查

特殊检查包括X线检查、心电图检查、超声惊动图检查、脑电图检查等。

第二节 体质与健康的关系

一、体质的基本概念和范畴

体质是人的生命活动的物质基础。通俗的说,体质就是指人体的质量,它是在遗传性和获得性基础上体现出来的人体形态结构、生理功能和心理因素的综合的、相对稳定的特征。

遗传是人类体质形成的重要因素,并为其发展提供了可能性。但是,因为人类与其他动物的本质区别之一,是他的生存、发展、变化与内外环境(包括自然与社会)有十分密切的联系并受其制约,所以体质的发展与强弱在很大程度上取决于后天环境和能动的塑造。人所处的自然条件、生态平衡、物质生活条件,所受的体育与健康教育的环境等,都会对人体的质量产生间接和直接的影响。因此,不同的群体及个体的体质状况间存在着巨大的差异,从而表现出不同的水平。在对体质的基本概念认识的基础上,我们对体质所包含的范畴,即评价国民体质好坏、强弱水平时,应主要从以下几个方面来考虑。

（1）身体的发育水平，包括体格、体形、体姿、营养状况等方面。

（2）身体的功能水平，包括机体的新陈代谢状况和各器官、系统的效能等。

（3）身体的素质及运动能力水平，包括速度、力量、耐力、灵敏、协调，还有走、跑、跳、投、攀越等身体的基本活动能力。

（4）心理的发育水平，包括智力、情感、行为、个性、性格、意志等方面。

（5）适应能力，包括对自然环境、社会环境，生活中各种偶发、突发紧张事件的适应能力，对疾病和其他有碍健康的不良应激原的抵抗能力等。

二、体质的特点

体质的主要特点包括以下几方面。

（1）体质是人的生命活动和劳动工作能力的物质基础，是发展生产力的重要潜能。

（2）体质是身心两方面发育密切关联的结果。

（3）体质在受遗传因素作用的同时，与后天的塑造有直接关系。不同种族、民族、地域，以及不同性别、年龄的人群和个体，其体质发展既有规律性，又有特殊性，不应是一个完全相同的模式。

三、健康与体质的关系

健康已经成为全世界范围内人们所关注的话题。体质作为人类具有的基本特性，其内涵与“现代健康观”有许多相似的成分，体质学的创立也是建立在生物学、医学、人类学、心理学和社会学基础理论之上的一门综合性学科。两者之间既有差异，又密切联系。

体质和健康从不同侧面反映了人类在生物、心理和社会层面上的基本特征：体质是健康的物质基础，健康是体质的外在表现，两者密切联系，不可分割；其共同特点是在多元化的前提下，对生命活动的基本特征给予评价，最终目标都是为了极大地改善其所有属性。不过，体质和健康的研究主体和对象不同，由概念所引发的研究手段也不同。

第三节　当代大学生的体质健康状况

一、大学生体质健康现状分析

2013 年 11 月，浙江省教育厅向社会公布了 2012 年度新生体质健康测试数据。数据显示，肥胖和超重的学生比例呈上升趋势，并逐年增长，2012 年是 2008—2012 年以来最高值，同时新大学生体质健康水平也不平衡，高校的新生体质健康测试总成绩平均值为 71.20 优秀率仅仅为 2.38% 比 2011 年提高了 1.33 个百分点，柔韧、力量类项目及 800 米、1000 米的耐力项目成绩处于 2008 年以来的最低值，柔韧、力量和爆发性项目明显下降，800 米、1000 米的耐力项目基本保持平衡，虽然比 2007—1012 年的最低值有所改观但不容乐观。[1]

2012 年北大新生军训期间看病或因身体不舒服请假高达 5000 多人次，特别是军训初期，由于身体素质导致晕倒的很多。2014 年浙江某高校一名新生，在男生 1000 米测试中休克致死。[2]

2013 年 11 月，辽宁省某学校做了关于大学生体质健康的检测，测试情况如下：根据研究的实际情况需要，通过握力、立定跳远测试数据来分析身体素质现状。握力增长或较长时间维持在一个高水平时，能表示人体的健康状况良好，而握力下降，则说明人体的健康状况也下降，可用握力体重指数（握力 / 体重 ×100）进行评价。立定跳远是体现一个人的下肢爆发力的项目，它的大小反映一个人的力量和速度素质。

按照《国家学生体质健康标准评分表》中的评分标准规对照测试结果，男生握力体重指数平均值 70.32，得分为 7 分，仅仅处于及格上限等级；立定跳远平均值 2.39，得分为 75 分，处于良好等级的最低限；女生的握力体重指数平均值 50.37，得分为 69 分，仅仅处于及格水平等级，立定跳远平均值 1.67，得分为 63 分，处于及格等级水平，这说明辽宁省男、女大学生在力量速度身体素质不是很好，有待于加强提高。

[1] 田文乾，焦安村 . 当代大学生体质健康的现状与分析 [J]. 科技资讯，2015.

[2] 田文乾，焦安村 . 当代大学生体质健康的现状与分析 [J]. 科技资讯，2015.

通过访问得知，学生体质健康状况明显下滑，从外部体型上表现向两级发展，偏瘦和偏胖现象突出。参照辽宁省各校在2013年之前实际的数据，学生大部分指标处于及格、不及格评价中，优秀和良好的比重较低，甚至在很多指标上不如中学生，表现在爆发力素质、耐力素质、速度素质、力量素质等项目的成绩持续下降。

自2010—2013年，辽宁省大学生总体的体质测试水平连续3年下滑，在2013年稍微有点偏升，因此，辽宁省大学生体质健康是亟待解决的突出问题。[1]

二、大学生体质健康水平下降的原因

学生体质下降是世界性问题，美国、日本以及欧洲部分国家关于学生体质下降的研究也屡见报道，我国学生体质健康存在突出问题且发展较为迅速。《中共中央国务院关于加强青少年体育增强青少年体质的意见》（以下简称“中央7号文件”）指出我国学生体质健康水平下降的原因有两个方面，一方面是片面追求升学率，社会和学校存在重智育、轻体育的倾向，学生课业负担过重，休息和锻炼时间严重不足；另一方面，由于体育设施和条件不足，学生体育课和体育活动难以得到保证。具体来讲，大学生体质健康水平下降的原因主要包括以下几个方面。

（一）大学生不良生活习惯

由于物质条件充裕和现代化生活方式“泛滥”，有的大学生长期不吃早餐、偏食、暴饮暴食、盲目减肥，缺乏正确的营养卫生知识，使大学生的营养结构严重失衡，还有部分大学生甚至染上了吸烟、酗酒、熬夜泡网吧等不良生活习惯，运动逐渐被电子游戏所取代，很多大学生成了电视机、游戏机、计算机前的静态生活群体，因此，参加体育活动的时间严重不足。另外，虽然大多数大学生对体育健身有良好的认识态度，并具有健身意识，但体育健身行为不积极，锻炼时间、次数不理想，意志也不够坚定，没有养成良好的体育健身和生活习惯，从而导致大学生体质下降。

---

[1] 李东鹏，邓翠莲．辽宁省高校大学生体质健康现状分析 [J]. 运动，2014（11）．

（二）家庭教育误区

一方面由于很多家长缺乏正确营养卫生知识，学生从小就没有养成良好的饮食卫生习惯，从而导致其代谢失衡和营养状况不佳，具体表现在铁缺乏、钙的摄入量不足、维生素和微量元素摄入不足，我国学生奶制品的消费情况与美国、日本、韩国等国家比较差距均较大。家长为了让自己的孩子考入名校，任意占用孩子的锻炼时间，哪怕是双休日，也给孩子排满了各种家教和兴趣班，使孩子根本就没有体育锻炼时间。另一方面家长在孩子面前也没起好模范带头作用，没能形成家庭体育锻炼的氛围，使自己的孩子从小就没养成良好的体育锻炼习惯。因此，当他们进入大学之后，也没有自觉参加体育锻炼的习惯，完全是为了应付体育考试而锻炼，从而导致学生的体质不断下降。

（三）大学校园体育文化氛围不浓

首先，社会和学校存在重智育、轻体育倾向，致使一些高校的校领导不够重视体育，其主要表现在：没有把体育发展纳入学校工作计划；体育工作基本上是由体育部门自己组织与运作；体育经费不足，体育场地器材等设施缺乏，导致训练工作、竞赛活动开展举步维艰，部分文件精神没有贯彻执行，对体育教师课外训练等工作没有给予应有报酬，在一定程度上制约了体育教师工作的积极性。其次，作为学生学习和参与体育的重要载体的体育社团、俱乐部种类少，规模小，管理体制不健全，也是校园体育文化氛围不够的原因之一。最后，学校开展早操、课间操、课外体育活动不如人意，很多高校只是流于形式，没有形成一套系统的管理体制，有的高校甚至没有开展早操、课间操，完全是学生自由活动。因此，校园体育文化氛围不浓，不能充分调动学生的主动性，也是导致学生体质下降的原因之一。

（四）体育教师没能很好激发学生锻炼的积极性

兴趣爱好是学生喜欢体育课的首要原因，而没有特长也是他们不喜欢体育课和课外体育活动的首要原因，有很多的学生不喜欢体育课的原因是觉得体育教师不好，应该说，绝大多数体育教师在专业技能方面都不存在问题，问题在于教师对学生，尤其对待差生的态度上不友好，没能很好激发学生锻炼的积极性。另外，有的体育教师在上体育课时教学内容单一，整个教学内容完全围绕考试项目进行，对学生也没有分层次进行因材施教，体育课评分标准采取“一刀切”，从而严重打击了一部分学生的自信心。

（五）应试教育制度使学生体育活动的时间严重不足

足够的运动时间和适当的运动方式是提高学生体质、体能的重要因素，而中国的应试教育制度使学生过分注重文化考试成绩，导致学生学业负担过重，学习时间过长，缺少体育锻炼时间。日本青年研究所2000年对中国、美国、日本的高中生的问卷调查结果显示，日本、美国学生参加课外体育活动小组时间多于中国，日本加入课外活动小组的高中生为34.5%，美国为53.3%，而中国为10.5%。由于中国的应试教育制度，学生从小就养成了不喜欢参加体育锻炼的习惯，进入大学以后除了体育课外也很少主动参加体育活动，导致学生体育活动的时间严重不足。

三、提高大学生体质健康对策

（一）营造全社会关心学校体育的氛围，树立正确的健康观

提高大学生体质健康水平是一个系统工程，需要良好的舆论环境和社会各方面的齐抓共管，因此，需要国家教育部门、体育部门、卫生部门等相关部门高度重视，通过多种媒体大力宣传和普及科学的教育观、人才观和健康观，向大学生普及正确的营养健康知识，营造全社会关心体育的氛围，形成共建学校体育的合力，从而提高大学生的思想认识，树立正确的健康观，使大学生真正明白健康是最重要的，如果没有健康的体魄，即使拥有再多的知识、再大的能力也难以做出大事业。

（二）优化体育课教育模式和评价机制，推进素质教育

体育课应采取多种形式进行教学，如俱乐部、兴趣班、通选课等形式来激发学生参加各种体育活动的热情，规定每个学生除了上体育课以外，还必须参加1～2个俱乐部的活动，体育考试的项目除了体育课规定的考试项目

以外，每年学生还可以根据自己的特长选择一个俱乐部的项目进行考试，学生体育成绩等于体育课成绩加上学生自选项目的成绩和学生平时参加课外活动的考勤，这样就可以充分发挥学生特长，激发学生参加锻炼的热情，达到增强大学生体质的目的。

（三）提高体育教师的业务水平，激发学生参加体育锻炼的热情

学校体育工作首先要合理配备师资，加大对体育教师的培训力度，大力提高体育教师的业务水平，教师的业务水平提高了，学生学习的兴趣和热情也会提高。兴趣是最好的导师，只有兴趣才能使人有坚持的自觉性，因此，体育教师的首要任务就是要激发学生锻炼的兴趣。要提高学生锻炼的兴趣，体育教师就得充分展示自己的才华，优化教学模式，不断改进教学方法，提高教学质量，让学生从被动学习转为主动要求学习。然后体育教师再在教学过程中发现学生的“闪光点”，并给予及时的关心、帮助和鼓励，以增强学生的自信心，从而激发学生锻炼的兴趣和积极性，达到增强学生体质的目的。

（四）保证大学生每天 1 小时锻炼时间

中央 7 号文件要求，没有体育课当天，学校必须在下午课后组织学生进行 1 小时集体体育锻炼，并将其列入教学计划，全面实行大课间体育活动制度，每天上午统一安排 25～30 分钟的大课间体育活动。为了贯彻执行中央 7 号文件，一是保证学生每天 1 小时体育锻炼，学校必须从管理机制、场地设施、人员保障、活动内容方面作积极探索，每天上午和下午固定某个时间为学生锻炼时间，其他任何课程都不能占用。二是充分利用学校的场地设施，调动教师和学生体育骨干，组织丰富多彩的课外体育活动，给学生创造足够的体育锻炼时间，减轻他们学习压力，把学生从书本中解放出来，让他们走向运动场。通过组织丰富多彩的课外体育活动，让学生真正感受到体育的乐趣，认识到体育的价值，摒弃不良生活习惯，树立终身体育观。

（五）认真实施《国家体质健康标准》制度

《国家体质健康标准》的实施将促进和激励学生积极参加体育活动，养

成体育锻炼习惯，对不断增强学生体质健康水平起到重要作用，在条件允许的地区，可以更新一些体质测试指标，在《国家体质健康标准》范围内选择一些适合本学校特色的运动项目来进行测试，建立健全一套科学、系统、全面的体质健康测试制度，测试结果力求准确、真实，防止代考以及其他作弊行为，把《国家体质健康标准》落实到实处，并把学生的体质健康与升学、评优、毕业、就业结合起来，从而达到增强学生体质的目的。

（六）对体质健康不合格的大学生分别进行集中辅导

将各种不同体质的学生以及各种体育技能较差的学生分别集中教学，进行有针对性的教学和辅导，选配最优秀的体育教师，采用与他们的身体素质相应的运动处方进行有针对性的训练，同时配合合理的膳食和良好的生活习惯，加强激励机制，增强自信心，激发学生参加锻炼的热情，不断提高大学生的身体素质。

（七）建立一支专门研究大学生体质健康的科研队伍

为了进一步推动学校体育工作的改革和发展，每个高等院校应该成立一支高水平的科研队伍，负责跟踪大学生的身体健康状况，制订科学、系统、合理的提高大学生体质健康的计划，并监督其实施。另外要对高等学校体育进行基础数据的研究、大学生集体项目开发的研究、大学生体质干预方面的研究和管理体制的研究，及时发现问题、解决问题，使高等院校体育事业的改革和发展更加符合科学规律，逐步提高大学生的体质状况。

第三章

体质健康与体育运动

第一节　体育运动对体质健康的作用

人体由许多器官构成，按其功能可分为：神经系统、呼吸系统、循环系统、消化系统、泌尿系统、生殖系统、内分泌系统、运动系统、感觉器官系统。体育锻炼对人体各个系统的作用是深刻的和多方面的。

一、锻炼对神经系统与运动中枢的影响

神经系统由中枢神经系统和周围神经系统两部分组成。人的所有活动都是在神经系统的支配下进行的，运动器官的每一个动作、身体器官系统的生理活动都以刺激的形式作用于神经系统。

神经系统是人体发育最早、最快的系统，大学生脑的体积不再增加，但大脑皮层的结构和功能还在发展。体育锻炼能有效提高脑细胞生理功能，使神经细胞的兴奋强度、反应速度、兴奋抑制转换的灵活性及均衡性都得到提高。一般人的反应速度是 0.4 秒以上，运动员的反应速度为 0.332 秒，近台快攻的乒乓球运动员的反应速度可达 0.1 秒左右。

另外，经常参加体育锻炼能预防神经衰弱。运动使大脑的兴奋与抑制两种功能保持平衡，以防止功能性神经衰弱疾病的发生。经常从事体育锻炼，可以使大脑皮层兴奋性增强，神经的灵活性提高。由于运动对神经系统有良好的锻炼作用，所以医学上广泛地运用体育作为治疗疾病的手段，特别是对神经系统机能障碍而造成的种种疾病。

体育锻炼还有助于增强记忆力、提高大脑工作效率，这是因为一方面，运动使心脏供血能力大幅度提高，脑细胞的供血量增加，脑细胞的思维能力

提高；另一方面，经过长时间的思考学习，专管学习思考的神经细胞会产生疲劳，由兴奋转为抑制，这时如果进行体育锻炼，指挥运动的肌肉的神经细胞群开始兴奋，包括专管学习思考的细胞在内的其他神经细胞能够得到良好的休息，这样头脑更清楚，思考更敏锐。

二、体育锻炼对呼吸系统机能的影响

人体参与呼吸的器官，包括鼻、喉、气管、支气管和肺脏，总称为呼吸系统。其中肺是气体交换的场所，而其他都是气体交换的通路（总称为呼吸道）。人在安静状态下，每分钟需要氧气 0.25～0.3 升，这样只需 1/20 的肺泡工作，便足以完成。若长期这样，呼吸系统就可能萎缩，功能降低，而且容易得病。

体育锻炼时人体对氧的需求量增加，呼吸频率加快，为了适应这一需求，呼吸系统的各个器官逐渐改善自身机能，使更多的肺部组织参与气体交换，提高摄氧能力。

经常参加锻炼的人，呼吸中枢的兴奋性高，对血液化学成分的改变敏感。随意停止呼吸时间的长短是评价组织呼吸强度和呼吸中枢对缺氧和二氧化碳增多的耐受的重要指标。优秀运动员随意停止呼吸的持续时间较长，而且对膈肌的控制稳定。他们在恢复呼吸时，血液的氧合作用也恢复得特别迅速。

体育锻炼还能够提高人体的缺氧耐力，在缺氧条件下，仍能坚持复杂的肌肉活动。例如，登山运动员在高山缺氧条件下，不仅能够维持生命活动，还能继续完成艰巨的登山任务。

三、体育锻炼对血液循环系统的影响

血液循环系统是由心脏和血管组成的，所以又叫作心血管系统。血管是供血液流通的通道，遍布人体。血液是担负运输养料和氧气、排除代谢产物和二氧化碳的载体。心脏是生命的“发动机”，推动血液在血管里不断地流动，以便把氧气和营养物质运送身体各处，同时把组织、细胞在新陈代谢过程中产生的二氧化碳和废物运送到肺、肾和皮肤等处，排出体外。体育锻炼能使心血管系统的机能得到明显增强，使血管弹性增加、心肌变得肥厚、心动徐缓和血压降低。

一些专家认为，坚持体育锻炼起码可以使心脏衰老推迟10～15年。美国科学家发现人体内有一种高密度脂蛋白（HDL_2）粒子，主要负责把沉积在血管壁上的脂肪和胆固醇去掉。经常进行身体锻炼，就会使体内的HDL2浓度明显增加，并能自动地在血管内筑起一道HDL2的防线，不断消除沉积物，使血液畅通无阻。

随着人们生活水平的提高，如果不经常参加锻炼，“文明病”也必然随之增多，目前世界上有不少的人死于心血管疾病。体育锻炼可以减少胆固醇在动脉壁上的沉积，预防或减轻动脉粥样硬化，从而对高血压和冠心病起到良好的防治作用。德国近20年来心肌梗死者增加了20倍；美国70年代因心血管病死亡人数占死亡总数的52%～53%。据世界卫生组织1984年公布的材料，心脏病是当前死亡率最高的疾病之一。据国家体委科研人员调查统计，我国部分大专院校、科研机构中高级知识分子平均死亡年龄是58.2岁，比全国人均寿命短近10年。导致中高级知识分子过早死亡的两大疾病是恶性肿瘤和心血管疾病。针对上述情况，最积极有效的方法就是自觉地、经常不断地进行身体锻炼，提高心血管系统的功能，以防止这类疾病的发生。

四、运动对消化系统的影响

（一）运动促进食物的消化和营养物质的吸收

胃肠是人体消化食物的主要器官，胃肠消化能力的好坏对身体健康的影响很大。经常参加体育锻炼，消化腺分泌的消化液会更多，消化管道的蠕动就更强，胃肠的血液循环就会得到改善。由于发生了这些改变，就使食物的消化和营养物质的吸收更加充分和顺利。另一方面，由于运动时呼吸加深，膈肌大幅度地上下移动和腹肌大量活动，这对胃肠起到一种按摩作用，对增强胃肠的消化功能也有良好的影响。

体育锻炼对胃肠有着明显的良好作用，不少人采用体育锻炼作为治疗消化不良、胃肠神经功能症和溃疡病等的一种手段，并取得了一定的疗效。

（二）运动增进肝脏的健康

肝脏是人体的最大腺体，它也是一个重要的消化腺，经常锻炼身体能使肝脏的机能提高，更有利于食物的消化。体育锻炼时，能源物质——糖的消耗增加，这使得肝脏的“后勤供应”工作加重，从而使其机能受到锻炼而得到发展。经过训练的运动员的肝脏里储备的糖原比一般人多，在运动时向外输送也更快。肝糖原对肝脏的健康也极为重要，它能保护肝脏，医生经常要求患肝病的人适当多吃些糖果。

运动员的肝脏机能水平高，对疾病的抵抗力也强。不但如此，经常运动的人，在动用肝糖原方面，也比一般人来得经济。由此可见，运动能增进肝脏的健康，而健康的肝脏又能提高人的劳动和运动的能力。

五、体育锻炼对人体运动系统的影响

人体的运动是由运动系统实现的。运动系统由 206 块骨骼、400 多块肌肉以及关节等构成。体育锻炼可以使运动系统产生良好的适应性变化。

（一）肌肉结构及机能的变化

组成人体肌肉的基本单位是肌纤维，许多肌纤维排列成肌束，许多肌束聚集在一起构成一块肌肉。人体在运动时，骨骼肌是运动系统的主动部分，人体的任何运动首先都表现为肌肉运动。体育锻炼时，肌肉工作加强，血液供应增加，蛋白质等营养物质的吸收与储存能力增强，肌纤维增粗，因而肌肉逐渐变得更加粗壮、结实，肌肉力量增强。由于肌肉中肌红蛋白的增加使其结合氧气的能力增强；储存的营养物质——肌糖原增加；肌肉内毛细血管的数量也增多了，更能适应运动或劳动的需要。一般人肌肉重量占体重的 35%～40%，而经常参加体育锻炼及运动训练的人，特别是静力式力量锻炼者，其肌肉可达到体重的 50% 以上。青少年中不少人肩窄、胸平。胸部根根肋骨显露，只要坚持经常的体育锻炼，便会使自己肌肉发达，比例匀称，健美有力。

随着肌肉形态结构的改变，肌肉的机能也得到提高，神经系统对肌肉的控制能力增强，肌肉的反应速度、准确性和协调性都有明显提高。肌肉工作时能量消耗下降，效率提高。这些使运动员能在肌肉的力量、速度、耐久力和灵巧性等方面都远远超过一般人，还可以避免人体在日常活动和体育锻炼过程中由于肌肉的剧烈收缩而造成各种运动损伤。但是，肌肉在锻炼后的各种变化随运动项目的不同而有所不同。例如，经常进行速度性锻炼，可提高肌肉的兴奋性和灵活性，表现为动作的速度快，肌肉的收缩和舒张交替也快；举重锻炼者腿部、手臂的肌肉更加粗壮、结实，肌肉力量增强；喜爱长跑者，肌纤维体积变化不大，但是纤维周围毛细血管开放的量增多，这样可以保证运动时肌肉细胞与血液之间的气体交换和物质交换顺利进行，使肌细胞获得充分的氧气和营养物质，并能及时排出代谢产物，提高人的耐久力。

（二）骨骼和关节的变化

骨骼是人体内最坚固的结构，共有 206 块。骨骼组成人体的支架，赋予人体基本形态，起着保护脑、脊髓、心、肺等重要器官的作用，骨骼肌附着于骨，在神经系统支配下收缩时，以关节为支点牵引骨改变位置，产生运动。骨骼还有造血的机能。因此，骨骼的生长发育不仅对人体形态有重要的影响，而且对内脏器官的发育，对人的劳动和运动的能力也有重要的影响。

身体锻炼可以改变骨的结构。经常从事体育锻炼可以增强骨质。体育锻炼引起肌肉对骨骼的牵拉和重压，使骨骼不仅在形态方面产生变化，而且机械性能也得到提高。骨骼在形态方面最明显的变化是：肌肉附着处的骨突增大，骨外层的密质增厚，而里层的骨松质在排列上则能适应肌肉拉力和压力的作用。这就使骨质更加坚固，可以承担更大的负荷，提高了骨骼抵抗折断、弯曲、压缩、拉长和扭转的能力。

身体锻炼能促进儿童、青少年长高。通过身体锻炼改善骨骼的血液供应，增强新陈代谢，刺激骨骼生长，使其不断骨化。同时身体锻炼的各种动作对骨骼的生长也是一种良好的刺激作用，可以促进激素分泌，对儿童、少年身高的增长也有促进作用。体育锻炼还可影响内分泌系统，促进磷与钙的吸收，增加制造骨骼原料的供应，有利于骨骼的发育成长。例如网球、投掷和击剑运动员的上肢骨粗大，而跳远、跳高运动员的腿骨比较强壮，足球运动员的足骨比较坚实等，这都说明了体育锻炼对骨骼生长有着良好的提高力。有数据显示，经常参加体育锻炼比不经常参加体育锻炼的人的身高要高 4～8 厘米。10～14 岁业余体校学生和普通学校学生身高比较如表 3-1 所示。

表 3-1　10—14 岁业余体校学生和普通学校学生身高比较

年龄 / 岁	身高 / 厘米			
	男		女	
	普通校	体校	普通校	体校
10	135.5	138.6	134.3	140.4
11	140.6	144.6	140.8	149.6
12	145.6	148.2	147.3	155.5
13	152.4	158.1	151.6	158.0

人体骨与骨连接能够活动的地方叫作关节。关节周围有关节囊、韧带和肌肉包围着，韧带能加固关节，而肌肉不仅能加固关节，还能牵引关节运动。关节是连接骨与骨之间的枢纽。科学、系统的体育锻炼，既可以提高关节的稳定性，又可以增加关节的灵活性和运动幅度。体育锻炼可以增加关节面软骨和骨密度的厚度，并可使关节周围的肌肉发达、力量增强、关节囊和韧带增厚，因而可使关节的稳固性和抗负荷能力加强。在增强关节稳固性的同时，由于关节囊、韧带和关节周围肌肉的弹性和伸展性提高，关节的运动幅度和灵活性也大大增加，有效地减少了伤害事故的发生。在自由体操表演中，运动员的各个关节活动范围非常之大，做“后桥”“大劈叉”等动作没有经过长期锻炼是很难完成的。

第二节　体育锻炼的基本原则、内容与方法

一、体育锻炼的原则

体育锻炼的原则主要是体育锻炼客观规律的反映，是体育练习者从事体育锻炼实践，达到理想效果所必须遵循的基本原则。

（一）积极性原则

参加体育锻炼必须有一个明确的目的才能调动起积极性和自觉性。要提高促进体育锻炼的积极性，首先要提高对体育的认识，树立终身体育思想，把体育看作每个人高质量生活的一部分，使体育锻炼成为健身、健美和延年益寿的重要手段。其次要明确锻炼的目的，一个人的动机决定一个人行动的质量。比如，有人是为了更健全的生长发育，有人是为了某些运动技能与成绩的提高，有人是为了调节紧张的学习生活，有人是为了更健美结实，还有人则是为了锻炼意志、防治疾病。

（二）针对性原则

针对性原则是指锻炼身体应从个人的实际情况和外界环境条件的实际出发，确定锻炼的目的，选择适宜的运动项目，合理地安排运动时间和运动负荷。这是增强身体素质及提高运动水平必须遵守的原则。

1. 从自身的实际出发

由于性别、年龄、体质和健康状况的差异，锻炼要从自己的实际情况出发，有目的地选择和确定运动项目、练习方法，合理地安排锻炼的时间和运动负荷。在每次锻炼前要评估自己当时的健康状况，使运动的难度和强度不超过自己身体承受能力。违反人体发展这一基本规律，只能损害身体健康。

2. 从外界环境出发

参加体育锻炼时，要从季节、气候、场地、器材等外界条件的实际情况出发，按照科学锻炼的方法来选择运动项目、练习时间、运动负荷，才能收

到良好的锻炼效果。如在冬季应着重发展耐力和力量素质，在春秋两季重点进行技术性项目，在炎热的夏天，游泳是比较理想的运动项目。但在运动时不要在阳光下运动时间过长；在力量训练前要仔细检查器械，避免事故的发生。

（三）循序渐进原则

循序渐进原则是指体育锻炼的内容、方法和运动负荷等，必须根据人对事物的认识规律、动作技能形成规律和生理机能的负荷规律，由小到大、由易到难、由简到繁、由低级到高级逐步进行。在体育锻炼中，最忌急于求成，“一口吃个胖子”的做法，只能事与愿违，甚至还会造成伤害事故。因此，进行体育锻炼时，学习动作要由易到难，运动量由小到大，运动强度（刺激强度）由弱到强。同时，还应根据年龄、性别、身体素质水平，因人而异地安排练习的内容，这样才能收到良好的效果。

（四）经常性原则

经常性原则是指身体锻炼必须持之以恒，使之成为日常生活中的重要内容。运动技术的形成和提高，人体各组织系统机能的改善，是肌肉活动反复多次强化的结果。如果不经常锻炼，那么后一次锻炼时，前一次锻炼的痕迹已经消失，失去了累积性的影响作用，因此效果也就很小，甚至不起作用。同时，运动技能的形成，人体结构、机能的改善，身体素质的提高，都受着生物界“用进废退”规律的制约。不经常锻炼，已取得的效果也会逐渐消退。俗话说“拳不离手，曲不离口”，所揭示的就是这个道理。

（五）全面性原则

全面性原则是指身体锻炼应全面发展身体的各个部位、各器官系统的机能、各种身体素质和活动能力，追求身心的和谐发展。体育锻炼，不仅应包括不同身体部位的活动，更重要的是应该包括多种项目和不同性质的活动，进行全面锻炼。身体各系统是相互联系、相互制约的，身体某一方面的发展必然会影响到其他方面的发展，而全面发展，就能相互促进，共同提高。目前，大学生年龄多处在 17～23 岁，正是身体发育逐渐成熟的阶段，具有一定的可塑性。因此，在体育锻炼中贯彻全面性原则尤为重要。从体育项目对人体锻炼的作用来看，也是有所侧重的，如短跑主要是发展速度，投掷、举重主要是发展力量，长跑则侧重于发展耐力，球类则以发展灵敏性、协调性为主。所以，进行全面锻炼就能使身体素质获得全面发展，使其能更快地掌握运动技术和技能，增强体质。

二、体育锻炼的内容

（一）体育锻炼内容介绍

体育锻炼的内容多种多样，根据体育项目的功能和锻炼的目的，可分为健身运动、健美运动、娱乐运动、康复医疗体育、竞技运动和极限运动等内容。

1. 健身运动

健身运动是为了增进健康、增强体质而进行的体育锻炼。目的是通过这类运动，促进身体正常发育，使身体各部分协调发展，增强人体各器官机能，提高身体素质，以及提高人体的基本活动能力。健身运动包括步行、慢跑、太极拳、游泳、骑自行车、划船、滑冰、舞蹈及各种球类活动等。

2. 健美运动

健美运动是不断地采用大负荷量来发展肌肉力量、改善身体形态的一项运动。健美运动可以使身体更加健壮，肌肉更加发达；同时，还能培养审美能力和身体表现力，帮助人们树立正确的形体健美观念。其形式有多种，如为了使肌肉发达，可以采用器械练习；为了形成良好的体型与姿态，可以采用艺术体操、形体训练、健美操、各种舞蹈和基本体操中的一些练习等。

3. 娱乐运动

娱乐运动是为了调节精神、丰富文化生活而进行的体育活动。这类活动使人身心愉快，既锻炼了身体，也陶冶了情操。如活动性游戏、渔猎、郊游、打台球、野外森林定向活动等。

4. 康复医疗体育

康复医疗体育又称为运动疗法或体育康复医疗，指以体育锻炼为手段进行疾病治疗和恢复受损后身体机能的康复过程。康复医疗体育已被证明对多种疾病的治疗起到了积极作用。锻炼内容主要有散步、慢跑、太极拳（剑）、气功、按摩、矫正体操、保健操等，可根据疾病的性质有针对性地采用相应的体育手段和方法。对于某些疾病，如心血管疾病、糖尿病、高血压等，在医生指导下进行锻炼，效果会更为显著。

5. 竞技运动

竞技运动是通过科学的、系统化的训练，以竞赛的方式，达到最大限度发挥个人或集体在体格、体能、心理和运动能力等方面的潜能，从而取得优异成绩的一种体育运动。竞技运动的项目较多，不同的运动项目具有不同的锻炼作用。

选择以竞技运动项目作为体育锻炼内容时，要从实际出发，有目的、有计划地选用，除了专业运动员，普通大学生应选择容易开展、趣味性强、锻炼价值较高的竞技运动项目进行锻炼。其内容有球类、田径、体操、游泳、冰雪运动等。

6. 极限运动

极限运动是能够激发人体最大潜能、使人的生理和心理承受能力得到最大限度提高的一类运动。极限运动具有冒险性、刺激性、创新性等特点，如蹦极、攀岩、跳伞、冲浪、滑板等。

极限运动的危险性很高，因此，在运动前应做好充分的准备工作，练习也要循序渐进、由易到难。此外，有心脏病、高血压等疾病的人不宜参与此类运动。

（二）体育锻炼内容的选择

科学地选择体育锻炼的内容，是获得良好体育锻炼效果的重要环节。在选择体育锻炼内容时，应注意以下几点。

1. 选择体育锻炼的内容应注意针对性

针对性就是要因人而异，即根据自身的爱好、身体特点、场地器材条件、学校或周围环境以及今后的需要来决定锻炼内容。人的个体差异很大，在选择锻炼内容时要考虑年龄、性别、身体条件、运动基础、健康状况和自己的兴趣爱好以及需求等情况。确定锻炼的目的是健身、健美还是提高运动水平，是娱乐、医疗还是促进身体的正常发育，然后选择那些适合自己的运动项目与形式进行锻炼。对高校学生来说，应多进行一些竞技性活动和娱乐性项目，尽量多接触不同性质的运动项目，尤其是要关注新兴运动项目，以丰富运动经历。要多参加田径、球类、体操等传统项目，定向运动、登山运动、野外训练等新兴运动项目也可以在条件成熟的情况下适当参与。

2. 选择体育锻炼内容时要有各自的目的性

体育锻炼的目的不同，所采用的锻炼方法也就不同。若以健身为目的，就应该选择有氧运动，较好的有氧运动项目包括慢跑、网球、排球等。若以减轻体重为目的，则应选取摄取能量与消耗能量保持平衡，甚至消耗能量大于摄取能量的运动项目，如长跑、竞走等。

3. 体育锻炼的内容应实用方便

进行体育锻炼应考虑实际条件，如场地、器材等客观条件，因时、因地进行一些实效性强而又简便易行的锻炼内容和形式。同时，也可以创造性地移植项目，创造适应客观条件的新项目。

4. 体育锻炼的内容应注意因时制宜

体育锻炼要从实际出发，讲求实效，不要贪多，力求简单易行。同时，要考虑当地的季节气候情况，因时制宜。我国大部分地区一年四季气候差异较大，很多项目对气候环境有极高的要求，这就要求学生要掌握几种不同季节条件下的运动项目，在不同时间段进行不同项目的锻炼。

表 3–2 是一些常见的体育锻炼项目功能列表，适宜学生进行锻炼。

表 3-2　体育锻炼项目功能列表

项　目	主要锻炼目的、功能	适宜年龄段	场地制约条件	技术复杂程度	趣味性	体力消耗	受季节限制
健身跑	健身、康复；心肺功能、肌耐力	不限	★	★	★	★★★★	★
快速跑	健身、训练；速度、爆发力、无氧代谢能力	少青中	★★	★★	★	★★	★
跳绳	健身、康复、训练；弹跳力、协调	少青中	—	★★	★★	★★★	—
网球	健身、训练；综合素质	不限	★★★★	★★★★★	★★★	★★★★	★★★★
乒乓球	健身、训练；灵敏、协调	不限	★★★★	★★★★	★★★★	★★	★
羽毛球	健身、训练、康复；综合素质	不限	★★★	★★	★★★★	★★★★	★★★★★
篮球	健身、训练；综合素质	不限	★★★★	★★★	★★★★	★★★	★★★★
足球	健身、训练；综合素质	少青中	★★★★	★★★	★★★★	★★★★	★
排球	健身、训练；综合素质	少青中	★★★	★★★★★	★★★	★★★	★★★★
登山	健身、康复；基本活动能力	不限	★★★★	★	★★	★★★★	★★★
舍宾	健身、康复；协调、柔韧	不限	★★	★★★	★★★	★★★	—
游泳	健身、训练；心肺功能、协调、肌耐力	不限	★★★★★	★★★★	★★★	★★★★	★★★★
健步走	健身、康复；基本活动能力	不限	—	—	★	★★	★
武术	健身、训练；灵敏、协调、柔韧	不限	★★	★★★★★	★★★	★★★	★★
太极拳	健身、康复；协调、柔韧、肌耐力	不限	—	★★★★	★★★	★★	—

续表

项　目	主要锻炼目的、功能	适宜年龄段	场地制约条件	技术复杂程度	趣味性	体力消耗	受季节限制
气功	健身、康复；协调、柔韧	青中老	★	★	★	★	★
攀岩	健身、训练；力量、耐力、柔韧	青中	★★★★★	★★★★★	★★★★	★★★★★	★★★
定向越野	健身、训练；心肺功能	不限	★★	★★	★★★★★	★★★★	★★
射箭	健身、训练；力量	不限	★★★★★	★★	★★★	★	—
健身操	健身、康复；综合素质	不限	★	★★★	★★★	★★★★	★
骑自行车	健身、康复；心肺功能	不限	★★	★★	★★	★★★	★★
跆拳道	健身、训练；综合素质	少青中	★★★	★★★	★★★	★★★★	★
健美	健身、康复、训练；力量、柔韧	青中	★★★	★★	★★	★★★★	—
台球	健身、康复；协调	不限	★★★★★	★★★	★★★★★	★	—
保龄球	健身、康复；力量、协调	不限	★★★★★	★★★	★★★★★	★★★	—
体育舞蹈	健身、康复；协调	不限	★★	★★	★★★★	★★★	★
轮滑	健身；协调、柔韧	少青中	★★★	★★★	★★★	★★★	★★★★
拳击	健身、训练；综合素质	青中	★★	★★★	★★★★	★★★★★	★
散手	健身、训练；综合素质	青中	★★	★★★★	★★★★	★★★★★	★

三、体育锻炼的方法

体育锻炼方法是根据人体发展规律，运用各种身体练习和自然因素来发展身体的途径和方式。在运用过程中，应从实际出发，灵活应用，要注意它们可以相互补充，交替结合，但应有主有从。

（一）重复锻炼法

重复次数的多少不同，对身体的作用不同。重复次数越多，身体对运动反应的负荷量越大。如果重复次数不断地继续增加，可能使身体承受的负荷达到极点，乃至破坏有机体的正常状态，造成伤害。

运用重复锻炼方法，关键是掌握好负荷的有效价值范围（最有锻炼价值负荷量下的心率）并据此调节重复次数。在重复锻炼中，对负荷如何控制，怎样去重复才能达到理想效果的负荷程度，应视实际情况而定。

（二）间歇锻炼法

人们认为体质增强的过程是在运动中实现的，其实体质内部增强过程主要是在间歇中实现的，是在休息过程中取得了超量恢复。间歇对增强体质的作用并不亚于运动本身。自古以来就有以静炼身的经验，在现代科学的基础上，人类更清楚地认识到在间歇时间内有机体的各种变化，认识了保持同化优势的重要性，所以把间歇作为一种健身的基本方法。

同重复锻炼法一样，间歇的时间也要依据负荷的有效价值标准去调节。一般说来，当负荷反应（心率）指标低于有效价值标准时，应缩短间歇时间；而在高于价值标准时，则可延长间歇时间。通过适当的间歇，把负荷量调节到负荷有效价值范围，以追求良好的锻炼效果。实践中，一般心率在 130 次 / 分钟左右时，就应再次开始锻炼。间歇时，不要做静止休息，而应边活动边休息，如慢速走步，放松手脚、伸伸腰腿或做深而慢的呼吸等。因为，轻微活动可使肌肉对血管起到按摩作用，帮助血液流回和排除代谢所产生的废物。

（三）连续锻炼法

从增强体质的良好效果出发，需要间歇就停一会儿，需要连续就接二连三地进行下去，所以不能仅讲究间歇，还要讲究连续。连续、间歇、重复都是在同一锻炼过程中实现的。连续、间歇、重复等因素各有其特有的作用，连续的作用在于持续负荷量不下降，维持在一定的水平上，使身体充分地受到运动的作用。

连续锻炼时间的长短，同样要根据负荷价值有效范围而确定，通常认为在 140 次 / 分钟左右心率下连续锻炼 20～30 分钟，可使机体的各个部位都长时间地获得充分的血液和氧的供应，因而能有效地发展有氧代谢能力。实践中，用于连续锻炼的主要是那些比较容易，并已为锻炼者所熟悉的动作，可以是跑步、游泳，也可以是跳舞等。

（四）循环锻炼法

循环锻炼法由几个不同的练习点组成。当一个点上的练习一经完成，练习者就迅速转移到下一个点，下一个练习者依次跟上。练习者完成了各个点上的练习，就算完成了一次循环。

循环练习法对技术的要求不高，且各项目都采用比较轻度的负荷练习，因此练起来既简单有趣，又可获得综合锻炼，达到全面发展的良好效果。

（五）变换锻炼法

此法可以有效地调节生理负荷，提高兴奋性，强化锻炼意向，克服疲劳和厌倦情绪，以达到提高锻炼效果的目的。

如刚参加锻炼时，可多做些诱导性练习和辅助性练习。随着锻炼水平的提高，应加大练习的难度，如用越野跑代替在田径场的长跑等。由于锻炼条件的变化，可使锻炼者的大脑皮层不断地产生新异的刺激，提高兴奋性，激发锻炼的兴趣，从而提高机体对负荷的承受能力，提高锻炼效果。另外，不断地对锻炼的内容、时间、动作速率等提出新的要求，可有效地调节生理负荷，使机体不断产生适应性变化，达到更好地锻炼身体的目的。

（六）游戏锻炼法

游戏锻炼法是指采用游戏的形式进行锻炼身体的方法，目的在于提高兴奋性，激发学生对运动的兴趣。在嬉笑娱乐的游戏中锻炼身体、愉悦身心，有助于减轻学生的学习压力，释放激情。这种锻炼方法的运动量可以根据锻炼者的实际情况而有所不同。

（七）竞赛锻炼法

竞赛锻炼法是指在近似、模拟或真实、严格的比赛条件下，按比赛的规则和方式进行的锻炼方法。竞赛锻炼法是根据人类先天的竞争和表现意识、竞技能力形成过程的基本规律和适应原理、现代运动比赛规则等因素而提出的一种锻炼法。

学生可在竞赛的条件下，提高锻炼的积极性。学生在比赛中能相互交流经验，有助于全面地提高技战术水平。可以提高学生的心理承受能力，培养意志品质，形成积极的、拼搏的、良好的生活态度。

第三节　体育锻炼中运动疲劳的产生与恢复

一、运动疲劳的产生

疲劳是由多方面原因引起的，运动疲劳的产生也是一个综合性的复杂过程，它与人体多方面的因素及生理变化有关。运动疲劳产生的直接原因主要有以下几方面。

（一）体内能源贮备的减少和身体各器官功能的降低导致疲劳

通过研究发现，人体从事运动导致疲劳时体内能源物质往往消耗较多。如快速运动2～3分钟至非常疲劳时，肌肉内的磷酸肌酸可降低至接近最低点，在长时间的持续运动中，由于糖的大量消耗，肌糖原及血糖含量均大幅度下降。能源贮备的消耗与减少，会引起各器官功能的降低，加上肌肉活动时代谢产物的堆积及水、盐代谢变化等影响，机体工作能力就会下降而出现疲劳。

（二）运动能力与身体素质的变化导致疲劳

人体的运动能力和身体素质与身体各器官、系统功能紧密相关。身体素质就是人体各器官、系统的功能在肌肉工作中的综合反映。各器官功能的下降，运动能力与身体素质便会受到影响，如在耐力性运动中心肺功能下降，承受耐力负荷的能力当然会降低，机体就会产生疲劳从而降低工作能力。

（三）精神意志因素

运动中人体各器官、系统的活动都是在神经系统指挥下完成的，神经系统功能的降低，神经细胞抑制过程的加强都会使疲劳加深。此时人的情绪意志状态与人体功能潜力的动员关系极大。其实人体在感到疲劳时，机体往往尚有很大功能潜力，能源物质远未耗尽，良好的情绪意志因素可起到动员机体潜力、推迟疲劳发生的作用。

二、运动疲劳的恢复

许多研究者将疲劳的消除与恢复法划分为两种形式：一是活动性休息，也叫积极性休息；二是静止性休息。两种方法优势能够互补，结合使用效果很好。具体如下。

（一）活动性休息

活动性休息，也就是积极性休息。在疲劳后更换运动或做些放松动作，都可达到疲劳消除的目的。运动医学专家通过实验，得出积极性休息的生理依据及其效益，主要表现在下述几方面。

1．加速血液中乳酸的排泄

疲劳的原因之一是体内乳酸堆积。通过运动后的整理活动，使流经收缩肌群的血流速度仍不减慢，故能及时地把扩散到血液中的乳酸带走并排泄掉。另外，乳酸蓄积和氧债密切相关，乳酸消除率提高，氧债的消除也迅速。

2. 防止过剩换气

停止剧烈运动后，由于运动时欠下的氧债过多会发生急促的大喘气。当机体转换到轻运动时，氧债的补偿过程就能达到缓解，而不至于出现过勤换气现象。

3. 防止神志昏迷、眩晕及恶心

在运动结束后转入低强度、慢节奏的轻活动，肌肉的泵血功能保持持续状态，机体血液循环系统活动无骤然变化，就能防止神志昏迷、眩晕及恶心的出现。

（二）静止性休息

睡眠是机体进行生活、工作、运动的支柱和动力，最好的静止性休息是保证睡眠质量。保证睡眠的效果，应注意如下事项。

（1）睡眠要有规律，养成定时入寝与定时起床的习惯。

（2）睡眠不足时应在白天补足。午睡时间 30～60 分钟最适宜，可稍微补充一下睡眠。

（3）保证有足够的睡眠时间。大学生的睡眠时间应保证在 8 小时左右。

（4）优化睡眠环境。适宜的居室温度、湿度以及寝具的舒适程度，对睡眠都有一定影响，应予以注意。

（三）其他消除疲劳的方法

1. 水疗法

（1）热水淋浴。

（2）热盆浴。热水浸泡 15～20 分钟，四肢做缓慢的运动。

（3）水旋涡。水喷射进行水下按摩。

（4）用高压力的水蒸气做水下按摩。

（5）冷、热水交替淋浴，起振奋作用。

2. 桑拿浴

剧烈的训练之后不要马上做桑拿浴，因为那样会进一步增加脱水，增加电解质流失，加快心率，由此增加身体的应激反应。正确的方法是在训练后过一段时间进行，每次9～12分钟，重复3次。

热环境中，桑拿浴还可短时间交替使用冷水、冷空气，这种冷热水交替法的主要目的在于降低运动中的代谢产物，排除乳酸。热可以刺激肌肉放松，促进血管舒张，消除紧张，增强血液循环；冷可以缓解疼痛，消除肿胀。“热”还可以刺激血液渗透进入皮肤和肌肉，“冷”则可迫使血液进入皮肤深层，帮助消除深层的代谢产物。

3. 按摩

按摩是放松和帮助恢复常用的手段，主要目的是促进身体和肌肉进入放松状态，改善循环和扩张血管，消除代谢产物。按摩的方法很多，一般运动按摩和保健按摩的手法均可根据情况施用于不同部位。按摩时要以揉捏为主，先按摩大肌肉，后按摩小肌肉，一侧按摩完以后再按摩另一侧。大腿后面的丰厚肌群可用重压，使肌肉放松。还可运用搓、抖、叩等手法。按摩时可配以按穴方法加强效果。

第一次按摩应在体育锻炼之后20分钟进行，如果配合桑拿浴和水浴，效果会更好。第二次按摩最好在体育锻炼后的两小时进行。睡觉前也可进行按摩。

4. 物理性恢复手段

光疗、电疗等对促进疲劳肌肉的代谢过程，加速疲劳的消除与恢复具有良好作用。此外，吸氧、空气负离子吸入、针灸、局部负压法、气功等方法，也有益于消除疲劳。

第四章 大学生体育锻炼与心理健康

第一节 大学生的心理健康状况及影响因素

一、当代大学生的心理矛盾与困惑

（一）独立性与依赖性的矛盾

大学生由于处于身体发育成熟阶段和心理迅速发育并走向成熟的时期，充满自尊和自信，想极力摆脱父母的束缚，渴望独立的生活，但是由于受父母的过度关注和中国传统观念的影响，依赖性比较强。因此，大学生心理上处于独立与依附的矛盾之中。同时由于社会生活经验不足，在面对陌生环境时，通常表现出困惑和无助。

（二）渴望交往与自我封闭的矛盾

大学生的独立愿望与日俱增，生活范围不断扩大，渴望参与各种活动，广泛地进行交往，特别希望有可以倾诉衷肠的知心朋友。但是由于我国传统教育思想的影响，从小到大父母的教育训斥和批评多于鼓励和理解，生活技能和人际交往教育缺失，使得离开家的大学生备感孤独，不敢交往或不知如何交往，处于自我烦恼和苦闷之中。

（三）求知欲强烈与抗挫折能力差的矛盾

大学生的求知欲望非常强烈，渴望通过学习增长知识和能力。但是生活的道路是不平坦的，学习更是一件艰苦的劳动，这使得一些大学生处于想好好学习又缺乏动力，想取得好成绩又不愿付出努力的矛盾之中。

（四）情感与理智的矛盾

处于青春发育后期的大学生，情感丰富，渴望与异性交往，对爱情充满憧憬。因此在当代的大学里，男女同学交往密切．希望寻找到爱情的人不在少数。但是．感情要面对现实，理智要控制情感。在实际生活中，一些大学生容易感情用事，不善于处理情感与理智之间的关系，由此影响学业和生活。

（五）理想与现实的矛盾

大学生思维活跃，想象丰富，对未来充满希望，有自己远大的目标和理想，而且愿意为之努力奋斗。但是，理想建立在现实的基础上，才能成为他们前进的动力，否则理想会成为美丽的幻想，使自己遭受打击，产生悲观失望的情绪和自卑的心理，甚至产生对社会、对现实的不满情绪，做出不良的行为。

总之，当代大学生是朝气蓬勃的一代，优良的生长环境给身体的成长打下了良好的体质基础，迅速发展的社会环境给心理的发展创造了无限的生机，使学习、生活和工作面临更大的机遇和挑战。大学生应该不断地认识自我，面对自我，解放自我，实现自我。

二、影响大学生心理健康的因素分析

（一）学生自身的影响

大学生正处于青年中期，这一时期是人一生中身心发展变化最激烈的时期，是生理、心理发展的重要时期，是大学生由不成熟的人格状态向成熟状态转变的时期，心理正处于迅速走向成熟而又未完全成熟的过程中。由于心理发展的不成熟很容易出现适应不良甚至影响心理健康。

1．生理因素

大学生处于青春后期，生理的发育还在进行，身高体形的变化，第二性征的继续加强，这些都是大学生特有心理问题的生理基础。根据天津医科大学大学生心理咨询门诊统计，相当一部分大学生的心理问题都与青春期的生理变化有着密切联系。如有的大学生因身材矮小而产生自卑感，因身体过于肥胖而产生烦恼、痛苦心理；有的大学生由于性格有缺陷或胆小拘谨、多疑、冷漠而导致他们意志消沉、情绪过度紧张等，积压到一定程度，便会诱发心理疾病。同时，大学生对于社会道德习俗、法律和纪律的约束，还不能深刻理解。因此，这种心理方面和思想方面的不成熟常常产生压抑、紧张、恐惧和羞涩，久而久之，影响心理健康。

2. 情绪因素

现代心理学、生理学和医学的研究成果表明，情绪对人的心理健康具有直接的作用，可以说情绪主宰着健康。大学生的情绪处在最动荡和最复杂的时期，情绪特征具有明显的两极性。情绪情感丰富强烈并且复杂，年轻气盛，情绪多变，控制和调节情绪的能力比较弱，心境易受环境变化的影响，在激情的状态下，往往缺乏冷静的思考容易走向极端；有强烈的交往需求，渴望获得知己和友情，但缺乏交往的主动性，总希望他人先主动与自己接近，处于“守株待兔”的状态，从而导致内心闭锁；这些矛盾和冲突持续过长，强度过大，必然会破坏心理平衡而引发各种心理障碍，阻碍个体的发展和成功。

3. 人格（个性）因素

人格缺陷是产生心理疾患的重要原因。由于每个大学生成长的环境、条件、父母的遗传和教育方式不同，个性也千差万别。同样的环境，有的大学生能适应，有的则格格不入；有的大学生能与人合作，有的却孤僻独来独往，这些都与个性有关。个性决定了一个人的心理承受能力，决定了一个人待人接物的方式，决定了一个人的思维方式和行为方式，所以它对一个人的心理健康的影响特别大。

（二）客观环境的影响

影响心理健康、导致心理疾病的因素很复杂，除了受学生自身个性影响外，其中最有影响力的是家庭、学校和社会三个方面。

1. 家庭教育的影响

家庭是孩子成长的环境，家长是孩子的第一任老师，是每个孩子成长不可忽视的因素。家庭对于塑造学生个性、养成生活习惯和行为方式都有重要的影响。“望子成龙”就是中国家长期望值的代号。期望值过高或过低，对孩子的成长都不利，也就是说过宽、过严都会造成一定的不良心理素质。家庭对大学生心理健康的影响主要包括：不完整的家庭对于孩子的心理健康是十分不利的，往往使其产生孤僻、冷漠、粗暴的人格特点；父母关系不良、紧张或冲突，经常吵架甚至相互敌视，孩子在人际交往中往往表现出自私、敌视等心理和道德方面的缺欠；家庭教育方式的“态度不一致”“溺爱”，又会造成孩子懦弱、虚荣和随心所欲的毛病；家长的经常打骂和严峻冷漠、缺乏人情温暖的家庭氛围会使孩子迟钝、犹豫不决、具有暴力的倾向。综上，现在的大学中，独生子女越来越多，由于他们中的大多数所接受的家庭教育方式都是过分溺爱、包办、放纵，进入大学后，他们首先要培养生活自理能力，学会与别人相处，矫正各种不良个性，这些问题解决不好，便会诱发心理疾病。

俗话讲“三岁看大，六岁看老”，是很有道理的，也符合弗洛伊德精神分析理论。凡心理问题突出的学生，查寻其形成原因，总可以从其家庭父母身上找到影子。

2. 学校教育和环境的影响

学校是大学生生活学习的主要场所，学校的环境和教育对大学生的心理状态有着更直接更深刻的影响。

在大学，来自四面八方的学生汇成一个群体，他们各自的生活习惯、性格、兴趣有所不同，在人际交往过程中，有些同学很难适应。有的学生想和别人交往，但又怕被人拒绝、抛弃，结果不敢与人交往，把自己的内心世界和情感封闭起来；有的学生是由于异性交往恐惧或失恋致使感情遭受挫折而产生了闭锁心理；有的学生由于性格上的不合群，在同学中不被理解而遭排斥，长期独来独往；有的学生虽有良好的沟通愿望而不得其法，常常引起误解，心理不愉快。这些现象发展下去，必然影响身心健康。

由于中小学多注重智育，对学生其他基本社会实践和基本生活能力缺乏必要的培养和磨炼，致使不少大学生缺乏独立和自理生活能力。虽然对大学这一新的环境既充满新奇与兴奋，又有很多美好的愿望，但是随着时间的推移，新鲜感逐渐消失，一切都显得很平淡，加上外部约束的减少，学习内容和学习方法的不习惯，对大学集体生活的不适应，由此产生对家人的眷恋和依赖感，深感孤独、压抑、空虚。

因此，大学生中出现的一些突出的心理障碍个案，在查找原因时往往发现与其在小学或中学阶段的经历相关，其心理问题在中、小学阶段要么被压抑下来了，要么仍在积累的过程中，到了大学阶段，学习压力相对减少，外部约束相对减少，隐藏的、压抑的心理问题爆发了出来。当家长发现自己的孩子在大学里出现了心理问题，不能一味地指责大学的教育和管理有问题，要综合考虑。

3. 社会环境的影响

大学生虽身处较为单纯的校园里，但毕竟生活在复杂的社会中，社会上的难点、热点、疑点问题都会受到同学们的关注，引发其思考。大学生的思想观念和价值目标常受到社会正在流行、大众传媒当前推崇的事物，以及新兴网络文化的影响。我国社会主义市场经济的建立，改革开放的深入推进，各种矛盾对大学生的思想观念、心理和行为都产生强烈的影响和冲击。尤其是市场经济带来的负面影响，使一些大学生产生拜金主义、享乐主义和个人主义的思想。崇尚及时行乐，追求感官刺激，缺乏精神支柱，产生消极厌世的心理，导致身心疾病。加之国家人事制度的改革，打破过去“统包统配”的毕业生分配制度，实行“收费并轨”“自主择业”的竞争机制，许多学生面临着在竞争中失败的危险，也给大学生带来了很大的心理压力。

另外，当代大学生求知欲望强烈，掌握信息快，参与意识强，但是，由于社会阅历浅，人生观、价值观尚未定型，识别和抵御能力较弱，对一些社会思潮和流行观点不能正确鉴别，有时甚至盲目崇拜。因此，在现代信息通道上，一些错误的、不健康的信息也对大学生产生了冲击，陷入不知所措的境地，对心理和行为产生消极影响。

总之，心理健康问题是影响大学生学习和生活的主要问题之一。通过上述分析我们可以看出，只有在学生自身和家庭、学校、社会的共同努力下，才能使大学生的心理走向良性的发展轨道。

第二节　大学生心理健康的维护与心理疾病的防治

一、大学生常见的心理问题

（一）社会适应问题

大学生的适应问题包括环境适应、人际适应和学习适应等。从某种意义上说，这些都是角色适应。角色体现了个体应对现实生活的必要途径和惯常模式。当环境变化极其显著时，个体在改变角色过程中可能就会产生较多的角色适应障碍。适应问题在新生中较为常见。由于多数新生第一次离开父母、同学、朋友和熟悉的环境，来到一个陌生的校园和生疏的班集体，大学的生活环境、学习环境和社会环境与高中相差较大，多数新生都会感受到不同程度的压力和心理上的不适应。一些适应能力较差的同学会感到焦虑、苦闷和孤独，有些甚至出现失眠、食欲下降、注意力涣散等症状，个别严重的同学因不能坚持学习而要求休学或退学。

自我调节方法有以下几种。

（1）对于环境变化提前做好准备，包括心理准备和现实准备，比如新生入学前可以在网络上查询学校附件的银行、超市、公交车站的地图分布和学校的相关资料，为自己尽快适应大学生活做好铺垫。

（2）提高生活自理能力，学会自己管理自己的生活。

（3）必要时可以向周围的老师、同学提出帮助的请求，使自己更便捷地掌握环境状况，做好应对的措施和方法。

（二）学习压力问题

大学的学习内容和方法与中学时期的明显不同。前者更多的是一种开放性学习环境，后者则更多的是一种封闭性的学习环境。大学开放的学习环境，一方面给同学们提供了自由学习的机会；另一方面也带来了不少问题。其中，所带来的问题主要有以下几点：首先，习惯被动学习的同学，进入大学后没有了老师和家长的敦促，可能会出现学习动机不足的问题；其次，有的同学进入大学背负着过重的家庭期望和自我期望，过于看重结果，以至于对学习产生畏惧，使学习成为一种精神负担。

自我调节方法有以下几种。

（1）树立正确的学习动机，避免成就动机过强或过弱。学习动机是激发、维持和调节学习行为的重要因素，学习动机端正可以使我们具有良好的学习态度，勇于面对学习中的困难和挫折，胜不骄，败不馁。学习成就动机过强，学习时就会过分紧张，感到压力很大，也会紧张、焦虑；学习成就动机过弱，就会学习起来没劲头，思想无压力，不认真对待学习生活。

（2）学习科学的学习方法，探索适合自己的学习方法。大学的学习生活与中学有着明显的不同，如自己支配的时间比较多，自学能力的要求比较高，独立思考和自我选择的机会比较多等。这就要求我们一方面要注意向别人学习，多和同学交流学习心得和方法，另一方面要注意结合自己的情况总结出适合自己的学习方法。

（3）学会科学用脑，避免产生考试焦虑症。大学生应根据用脑卫生的原则，科学地用脑，避免长期过度疲劳，也要避免平时放松，考试时过度紧张。同时应正确地认识考试，做好考前准备工作，预防考试焦虑症的发生。

（三）情绪问题

人人都有喜怒哀乐的情绪反应，当心理需求得到满足时，就会产生积极的情绪体验，有利于身心健康；反过来，如果心理需求得不到满足，就会产生消极的情绪体验而影响身心健康。对于当代大学生来说，由于受到各种社会心理应激的事件增加，同时又处于情绪不稳定时期，各种情绪反应就更为明显和激烈。如有的人遇到困难和挫折时表现出悲观的情绪；有的人由于不能正确地评价自己而感到生活没意思，表现出消极、抑郁的情绪；有的人由于自我封闭又缺乏知心朋友而产生孤独感；有的人由于来自学习或就业等方面的压力而出现焦虑的情绪等。我们应该认识不良情绪反应的危害性，努力培养乐观的情绪，积极调控不良的情绪。

自我调节方法有以下几种。

（1）善于从积极的方面观察和看待事物。任何事物都有积极的一面，俗话说“塞翁失马，焉知非福”，遇事多从积极方面考虑，可以增加愉快情绪的体验。

（2）给情绪以适当宣泄的机会。不良的情绪反应过于强烈时，应采取适度宣泄的方法，比如找人倾诉、到空旷的地方高声大喊或者唱歌，不要由于长期的积压而造成不良的后果。

（3）语言调节法和行为转移法。语言调节法可以通过内部语言，即自己跟自己进行内部对话，告诫自己怎么去做；也可以利用外部语言，比如针对自己的情绪写成字条贴在墙上或夹在书里。行为转移法即将自己的注意力从引起不良反应的事情上，转移到其他工作或活动上去，如看电影、听音乐、进行体育活动、做义工等。

（四）人际交往问题

大学生有着强烈的人际交往的心理需求，大学也提供了良好的人际交往的环境与氛围，但是人际交往又是困扰大学生的一个较为突出的心理问题。有的人缺乏自信而不敢与人交往；有的人由于性格的缺陷而不能很好地与人交往；有的人由于缺少交往的技能不会与人交往等，结果造成日常生活中的种种苦恼。

自我调节方法有以下几种。

（1）认识人际交往的重要性，积极主动地与人交往。

（2）寻求帮助克服人际交往的各种心理障碍的途径，比如可以通过心理咨询和心理治疗减少社交恐惧症，基本达到能与人正常交往。

（3）学习人际交往的技巧，比如了解人际交往的距离，可以在社交过程中既不显生疏又不过于亲密，让人觉得得体大方和舒适愉快。

（五）恋爱和性心理问题

恋爱现在已经成为大学生活中不可回避的问题。大学生或憧憬着美好的爱情或在实际生活中尝试着爱情。爱情是美好的、浪漫的，它可以愉悦我们的情绪，陶冶我们的情操，给我们带来快乐与动力，也可以使我们消极与失望，给我们带来痛苦与烦恼。有的大学生因为谈恋爱而疏忽了学业；有的因失恋而痛苦，无法自拔，影响正常的学习生活节奏。也有一些大学生因对性知识、性行为的不恰当的理解与认识，受到自我性意识的困扰，出现性幻想、性梦、性压抑、手淫等现象。这种困扰会造成莫名的不安和骚动，严重时就会产生心理障碍。有的过早地发生婚前性行为，造成了怀孕、流产、性病、不孕症、性功能障碍等不良后果。所以，大学生应该拥有正确的认知、健康的心态才能展开美好的两性交往生活。

自我调节方法有以下几种。

（1）认识两性交往的意义，树立正确的择偶观，理智地对待感情。

（2）掌握必要的两性交往技巧，在交往中学会感情的沟通与理解。

（3）了解正确的性知识和性观念，理解大学生性发育后出现的性冲动和性需要，采取健康的方式减少性困扰。严肃和理性地对待性行为，不建议大学生过早发生性行为，自觉地维护性健康，预防性传播疾病。

（六）网络成瘾问题

互联网作为最大的信息载体渗透到我们生活的各个领域，给大学生的学习和工作带来了极大的方便，也丰富了课余生活。但是也给世界观还没有完全成熟的大学生带来了很多负面影响，最突出的问题就是网络成瘾。网络成瘾症是指由于对互联网过度依赖导致心理异常的症状和生理功能受损的现象，如学习成绩下降、人际关系不良、身体健康受到影响等。网络成瘾的原因除了网络本身和社会的原因之外，大学生本身往往存在寂寞感、过度焦虑、学业压力、生活状况不好和社交障碍等原因。

自我调节方法有以下几种。

（1）正确认识互联网的作用，提高自我控制能力。

（2）开展丰富多彩的课余活动，培养自己多种兴趣和爱好。

（3）培养良好的人际关系，积极参加各种社交活动。

（4）出现心理问题时，及时进行心理咨询，以解决问题。

（七）就业压力

大学生就业压力是我国“自主择业”就业体制的特有产物，是指大学生在就业情境中许多内外的变量与个人因素交互作用所产生的心理紧张现象。结合当下经济全球化的形势，一些职业的岗位竞争相当激烈。全国范围的大学扩招，使得大学生的就业问题引起社会的广泛关注，已有很多研究表明就业或者择业压力是大学生心理压力的重要来源。大学生在求职过程中，由于缺乏就业经验和充足的准备，对自己的定位不够准确，易受周围环境的影响，从众心理较强，因而常常处于心理冲突之中，表现出极大的盲目性和矛盾心理。

自我调节方法有以下几种。

（1）提升自身综合素质，正确看待挫折，积累自身的心理资本。

（2）客观认识就业现况，建立正确的职业价值取向。

（3）定期审查自身，对自身做 SWOT（态势分析法）评估，制定适合自身的职业生涯规划，明确职业定位。

二、常见的心理疾病

（一）神经症

神经症过去称神经官能症，是一组精神障碍的总称。它们的是发生多与心理社会因素有关，主要表现为脑功能失调症状、情绪症状、强迫症状、疑病症状、躯体不适等，但是没有器质性病变，没有精神病性症状，有求治动机，社会功能基本完好。

1．常见的神经症类型

（1）焦虑性神经症：主要表现为广泛和持续性紧张不安或反复发作的惊恐不安，常伴有心悸、出汗、失眠、尿频等症状。

（2）强迫性神经症：主要表现为一种观念或行为反复出现，自知没有必要，但是欲罢不能，为此十分痛苦。

（3）恐怖性神经症：主要表现为对某种物体或情境产生异乎寻常的恐惧

和紧张，自己明知是过分的或不合理的，但是不能摆脱。

2. 治疗和预防

主要是药物治疗和心理治疗联合应用。通过药物治疗控制症状，同时进行心理治疗，消除病因，巩固疗效。

（二）抑郁发作

抑郁发作是以情感低落、思维迟缓以及言语动作减少为主要表现的一种“心理障碍”。主要特征有“三低”症状：情绪低落、思维迟缓、行为动作减少。患者表现为：睡眠障碍，入睡困难、早醒、多梦、嗜睡等；食欲下降、性欲下降、体重减轻、躯体不适等。自杀是抑郁症最危险的症状之一，抑郁发作中至少有25%的人有自杀企图或自杀行为。抑郁症的致病因素，一般来说与负性生活事件的刺激或超负荷压力以及人格特征有关。预防自杀是抑郁症患者应当首先考虑的应对措施，主要治疗手段是心理治疗和抗抑郁药物治疗。

（三）睡眠障碍

睡眠障碍在临床上极为常见。英国一项调查证明，有1/6～1/4的成年人为睡眠问题所苦恼，精神病患者中睡眠障碍者高达45%。国内一项调查发现，大学生睡眠障碍发生率为18%。睡眠障碍的表现形式有很多，其中最常见的是失眠。失眠是一种以睡眠不足为主的睡眠质量不满意状况，其他症状均继发于失眠，包括难以入睡、睡眠不深、易醒、多梦、早醒、睡后不适感、疲乏，或白天困倦。失眠可引起病人焦虑、抑郁，或恐惧心理，并导致精神活动效率下降，妨碍社会功能。失眠的原因以心理因素多见，还包括环境、疾病、饮食等其他因素。

失眠的治疗：

（1）养成良好的生活习惯。改变影响睡眠的不良行为，睡前不饮酒，不喝咖啡或浓茶；睡前1～2小时不做使身心兴奋的脑体力活动；调节不安情绪，创造良好的入睡环境。

（2）心理治疗。消除心理压力，注意睡眠心理卫生。通过各种心理学方法，减轻患者心理压力，促使其保持愉快的情绪，避免产生不良的自我暗示，减轻对睡眠的紧张、焦虑和不安。放松训练、行为疗法或气功对治疗失眠也有一定疗效。

（3）必要时可用药物治疗。

（四）精神分裂症

精神分裂症是一种病因未明的常见精神病，主要表现为感知、思维、情感和行为等多方面的障碍和精神活动的不协调。多起病于青壮年，起病缓慢，病情反复、不稳定，无意识障碍和智能缺损。治疗方法主要是抗精神病药物治疗、心理治疗和社会心理康复。

三、大学生心理健康的维护

（一）大学生心理健康维护的原则

1. 点面结合的原则

辅导员维护学生心理健康，应结合自身优势，采取点面结合的原则。点指的是对重点人群、在重点时段进行心理健康维护的点教育。关注重点人群，如考试不及格、家庭经济困难、新生、毕业生等人群。面指的是利用各种方式拓宽维护心理健康的面。通过开设心理健康教育活动课、班级论坛、班级博客、深入寝室等进行心理知识宣传、普及心理健康维护知识，对一般学生进行发展性心理健康维护。通过点面结合，使一般学生和个别学生能从事正常的学习和工作；能建立和谐的人际关系；能适应社会，与社会协调一致；能在有利于社会或集体的条件下，充分发挥个体的独立性。

2. 主动性原则

尽管大学生中较为普遍地存在着心理问题，但是大部分学生并不能够真正认识自己以及自己的心理世界，只有极少数的大学生会主动寻求心理咨询方面的专业帮助。目前，全国各高校均已设立了大学生心理咨询机构，安排专兼职心理健康教育教师在心理咨询室接待学生，但直接去咨询的学生并不多，由于个人的思想与心理问题带有很大的隐私性，许多人不愿意让别人知道自己存在的问题，一部分真正存在的心理问题和思想问题往往得不到解决，这就需要辅导员主动出击，从学生的实际需要出发，将学生当作一个独立的主体看待，充分尊重和发挥学生的主体地位，激发学生自我心理发展的自觉性、积极性，关注其根本利益，把解决思想问题与解决实际问题相结合，把耐心教育和热情服务相结合，从而维护其心理健康。

3. 价值维护为主的原则

价值观是人对人生的意义、人生的追求、人生的理想和价值取向的根本表达，是人为自己的人生所建立的标尺，是人为自己定下的人生理想，是人精神世界的核心。它对人们的社会活动起着行为导向或规范的作用。每个人的价值观是在社会交往过程中逐步形成的。随着改革开放的不断深入，社会主义市场经济的建立和完善，特别是教育体制改革的深入，大学生的价值取向发生了深刻变化。总的来说，当代大学生的价值取向主流呈积极、健康向上的态势，追求自由、崇尚竞争、务实进取，更加注重自我价值的实现，并渴望将对社会的贡献和个人价值的实现统一起来。但另一方面，市场经济的负面效应也反映到精神生活中，物质主义、功利主义和利己主义的消极价值观通过各种渠道影响着大学生，大学生价值取向不可避免地产生了一些消极，如价值观的功利性、世俗化、个人主义、享乐主义等倾向。因此，高校辅导员在当前这样一个多元文化的时代背景下，对大学生心理健康进行维护，应以价值维护为主。辅导员利用自身具有影响力的优势，“把社会主流价值观以直接或间接方式传递给学生”，确立一个健康而且正确的主流价值取向，才能有效地对大学生心理健康进行维护。

4. 每一个人都得到维护的原则

此原则是指人人都能得到健康心理维护的机会。高校心理健康维护者必须转变传统的心理健康教育观念和模式，给大学生提供“引导”“选择”，而不是“说服”“灌输”。作为辅导员可以通过创设一些情境，激励学生积极参与各种情境体验，在体验中尽可能使每个人都可以在活动中寻找足够的机会发展自我、完善自我，从而达到自我维护。

（二）大学生心理健康维护的方法

1. 转变思想观念，将心理健康教育和德育教育有机结合

当前我国教育体制改革正在各个高等学校里深入进行，高等教育既面临着扩大招生的问题，也面临着在已有基础和水平上提高教育质量的问题。面向全体学生开展不同层次的心理健康教育必须要引起高校党政领导的高度重视，而不能只停留在有咨询机构、无相关专业人员，有教育方案、无具体措施上。那么，当我们意识到当代大学生心理健康教育工作任务艰巨时，首要的是确立一种全新的大学生心理健康教育理念。

高校领导要从全局出发，把心理健康教育作为高等学校德育的重要组成部分，加大对心理健康教育工作的硬件和软件的投入；学科教师要结合学科特点，对学生进行发展心理能力的心理训练，特别是培养学生的认知能力；思想政治教育工作者要善于运用心理学的教育方法教育学生、引导学生。在对大学生心理健康给予高度重视的同时，必须正确认识和处理德育教育与心理健康教育的关系，明确高校开展心理健康教育并不是要替代德育工作，而是将两者有机结合，取长补短，相互配合，使教育更有成效。

心理教育从个人需要出发，在乎的是学生个人的幸福与成功等个人目的。心理教育中的心理辅导、心理咨询和心理治疗主要是以心理学理论，如精神分析、行为分析及认知分析的理论为基础，普及性的心理知识教育也十分需要运用教育心理学的各种理论做依据。而学校传统德育主要是以辩证唯物主义、政治学和教育学的基本理论原则为理论基础。两者采用的教育方法不同。学校传统德育活动主要采用思想政治课程来实施，运用说服、集体教育、环境陶冶、实践锻炼等方法，具有公开性、群众性等特点。心理教育中的心理辅导、心理治疗和心理咨询则注重宣泄、暗示、自由联想、角色转换等方法，具有个别性、保密性、教育者倾听和双方平等交流等特点，注重理论与实践的结合。心理健康教育补充了德育的内容，德育注重人的理性认识活动给予人的影响。它偏重于潜意识结构，弥补了忽视人的心理活动而单

纯通过灌输说教解决大学生思想问题的传统教育理念的不足，有助于从受教育者的认识、情感、意志的全过程施加作用，引导其保持健康的心理状态，为接受正确的思想教育创造良好的心理条件。采用心理辅导、心理咨询等方法，让学生从内心自觉接受教育，并学会用自己的力量来解决问题，从而改变人的精神面貌。

一个学生要形成良好的道德品质，首先必须有健康的心态，能够正确认识自己、接纳自己、对自己及他人负责，有心理问题的学生，在对道德要求的理解上可能有阻碍，他会对教育目的要求、措施等表现出不同程度的消极态度和消极行为。另外，心理不健康的学生容易产生品德不良问题，对这些学生仅进行品德教育是不够的，他们需要心理辅导，矫正性格障碍。这种道德内化所需要的心理素质或心理结构要素的培育，不是靠德育自身，而是由心理的培养和教育来承担的，积极的心理对优良品德的形成必定有积极的作用。

综上所述，高校教育应该要把心理健康教育与德育工作有机结合起来。首先，心理教育和德育工作都是为了促进大学生健康成长，而学生的思想意识、道德品质问题与心理障碍问题往往混杂在一起，要帮助学生提高心理素质，树立正确的人生观、价值观是很重要的，这就需要一定的“价值干预”。高校心理健康教育可借助德育途径，在意识层次上提高学生的心理素质，实现二者在教育目标和内容上的有机结合。当然在结合时必须区分思想问题和心理问题，并用不同的方法来解决。其次，是将教育方法和手段有机结合。诸如心理教育和心理咨询应根据中国大学生将自我调节作为首选的解决心理问题的方式的特点，改进过去那种坐等学生上门、个别保密交谈的单一方式，借鉴德育工作的方法手段，可采用课堂教学、小组讨论等多种形式，普及心理健康理论和方法，培养和提高学生心理自我调节能力，以促进学生心理素质的健康发展。德育应真正将学生心理品质的培养作为自己的目标和内容之一，把心理教育的相关内容看作德育工作目标和内容合理地扩展与延伸，使德育在关注社会对个人的政治、思想、行为规范方面的要求的同时，更加重视学生最一般、最基本的心理需求，充分尊重学生在品德形成中的主体地位，为有效实施德育提供良好的心理背景。

2. 理性情绪行为疗法

这种行为疗法将哲学和认知情绪、行为策略结合在一起，改变大学生的短期或长期的情绪与行为。大学生既处于人生最活跃、最丰富多彩的时期又处于心理断乳的关键期。在这一过程中，种种矛盾冲突交织一起，加上社会转型与变革的时代背景，使得大学生存在许多心理问题，相当比例的大学生患有明显的复杂多样的心理障碍与疾病，且比例呈逐年上涨趋势。苏联生理学家、诺贝尔奖获得者巴甫洛夫说："愉快可以使你对生命的每一跳动，对于生活的每一印象易于感受，不管躯体和精神上的愉悦都是如此，可以使身体发展，身体强健。"显而易见，情绪与大学生生理发展，潜能开发，学习、工作效率的提高，人格的塑造等因素关系密切。良好的情绪能使学生对未来充满信心，乐于与人交往，思维开阔，注意力集中，富有创新精神；不良的情绪会严重困扰和影响大学生的身心健康，从而影响其生活质量，干扰学习过程，形成认知偏差。现代许多心理学研究表明，大学生大多数的心理问题与心理障碍与个体情绪调节不当有关。大学生的情绪问题是大学生心理健康的重要方面，大学生不良的情绪困扰严重影响了他们的学习与生活，影响了他们自身的心理健康水平和成长成才。这不仅是大学生心理健康教育中的重要问题，也是我国高校心理健康教育的重要任务。

年龄处于 20 岁左右的当代大学生是一个特殊群体，正处于身心发展、成长成才的关键时期。其情绪丰富多变，强烈且易冲动，心境化现象明显，心理承受力较弱，且社会经验不足，自我认识水平有限，神经系统发育尚未完全成熟，内分泌系统十分活跃等原因，还不能对自身情绪进行有效的控制与调节，所以极易产生各种情绪困扰，甚至是情绪失控。面对生活中这些无休止的挫折、烦恼，就有必要对其进行情绪干预。通过情绪干预使其意识到非理性信念的错误，尽可能消除不合理的信念给他们的情绪带来的不良影响，以改变认知来帮助其减少或消除他们已有的情绪障碍，从而重建其价值观，促进其进行良好的自我调节。以改变人们不合理的观念和看法，来调整不良情绪和行为，克服心理障碍，从而促进心身健康。

3. 进行强化适应训练，加强挫折教育

在对大学生的心理健康调查研究中发现，作为学生干部，其适应能力比

普通学生更强，原因是学生干部在实践锻炼中获得了一种良性循环的内心体验。因为师生的支持、期望引发出学生干部的自信心，这种自信心又转变为对师生的责任心，对自我的要求更为严格，积极进取，进而最终获得赞赏。虽然不可能让每个人都承担一定的工作，但可以据此思路对学生进行强化训练。学习是一种积极的思维活动，学习效率除受个体的智力水平和知识水平的制约之外，还与学习者的情绪状态、自信心等因素密切相关。

大学生在遭遇挫折后主要有以下几方面的表现。

（1）大学生受挫后，自信心降低，情绪状态长期处于焦虑不安之中，使原有的思维能力受到影响，从而会极大地降低学习效率。其次可能降低大学生的思维能力与生活能力。

（2）大学生受挫后，容易引起情绪波动和出现行为偏差。如果持续遭受挫折，则可能导致神经系统的紊乱。这样不但大大地降低大学生的思维创造力，而且使他们的生活适应能力也大打折扣。它也可能损害大学生的身心健康。整个身心都处于一种紧张、压抑和焦虑不安的状态。这种消极的心理能量如果长期得不到释放，就会损害身心健康，有时能成为精神病发病的诱因。最后它可能促使大学生改变性格与出现行为偏差。

（3）当大学生遭到重大挫折或持续挫折而又无法做出相应的调整时，就会使某些行为反应形成相应的习惯式或个性特征。如一位对爱情充满憧憬、热情开朗的大学生，屡次的恋爱失败使其个性产生变化，他（她）可能由外向热情变成了深沉世故。同时，由于受挫的大学生处在应激状态下，感情易冲动，自控能力较差，不能正确评价自已的行为及其后果，可能会做出违反社会规范的行为。

大学生只有学会了心理挫折的自我调适，才能够尽快、及时摆脱不良情绪的困扰，恢复心理平衡，更好地适应环境。挫折的自我调适可通过以下途径进行。

（1）树立自信乐观的人生观。挫折的产生是不以人的意志为转移的，它会使人痛苦、沮丧、失望甚至一蹶不振；也能催人奋进，使人变得坚强、成熟。既然生活中挫折无处不在，那么在学习、生活、工作中遇到挫折时，就要敢于正视现实，不逃避，不畏惧，认真总结失败的经验教训；要学会心怀坦荡，情绪乐观，做到失败不失志；要更加坚定信心、乐观向上、自强不息、顽强拼搏，最终战胜挫折争取成功。

（2）调整认知结构，完善自我意识。一个人是否有正确、健康的认知方式，直接关系到他的心理健康状况。学会成功地把握自我，积极地悦纳自我，有效地支持自我是健全自我意识的有效方法。因此，当我们出现情绪困扰时，应检查一下自己的认知是否出现偏差。每个人都要对自己的情绪负责。当人们陷入情绪困扰时，是自己使自己感到不快，是自己选择了这样的情绪取向的，所谓“天下本无事，庸人自扰之”。如果我们能主动调整自己的看法和态度，就可调整自己的情绪，变阴霾为晴朗，进而获得心理平衡，淡化不良情绪带来的负面影响。

（3）转移注意力，学会疏导情绪。挫折状态下所形成的挫折压力会危害人们的心理健康。在遭受挫折时，大学生最好暂时避开挫折情境，将注意力从引起消极情绪反应的刺激转移到其他事物或活动上，可以缓解心理压力。同时，要及时疏导挫折情绪，避免不利影响。大学生要学会适当地表达情感，善于借助他人的宽慰劝导，排解负性情绪，减轻精神上的痛苦。如向信任的朋友倾诉、写日记、听音乐、看电影等，都有助于宣泄情绪，淡化内心冲突，平衡心理。

（4）学会自我调控。大学生应及时疏散和排解心中的抑郁与不快，使自己处在轻松愉快的心境之中。在受挫后，若情绪过激，失去控制，就易产生心理失常，不仅会伤身体，还会做出一些危害他人或社会的事，于己于人都不利。要善于控制个人的不良情绪，维持心理平衡。要解脱不良情绪，保持愉快的心理体验，就要学会进行积极的心理防卫。

（5）纠正大学生对挫折的错误认识。大学生对挫折的不正确认识主要表现在三个方面：一是他们认为挫折不应发生在自己身上，因此，一旦遭遇挫折就会出现不良的行为表现；二是以某方面的挫折来否定整个自我；三是大学生把某一次挫折的后果想象得非常可怕，对挫折缺乏正确的认识。因此，培养和提高大学生对挫折的正确认识可以说是提高大学生挫折耐受力的关键，是我们进行挫折教育的第一步。首先，要正确地看待挫折，善于从不同的角度看待面临的挫折。大学生在生活中遭遇一些挫折，当属正常现象。无论在学习、人际关系、社会期待、恋爱、经济问题、评优评先和择业就业等方方面面都会或多或少地产生这样或那样的挫折感，关键在于我们怎样认识它和对待它。挫折对大学生的影响具有两重性，只看到消极影响是片面的。挫折更有其积极的一面，如能增强个体的情绪反应力量，增强容忍力，提高认识水平等。其次，对挫折要进行正确的归因。大学生挫折感产生的原因有两大类，一类是外界客观因素，一类是内在主观因素。外界客观因素是指家庭影响、教育者素质及教育方式、社会影响、人际关系等；内在主观因素是指自身生理条件、理想与现实的冲突、自身的知识能力、生活的创伤、适应能力、自身阅历等。正确的归因，对造成挫折的原因进行实事求是的认识和分析，弄清挫折的原因到底是外部的，还是内部的，或是内外部两种因素相互交织，共同起作用的。只有以积极的态度去冷静地分析遭受挫折的主、客观原因，及时找出症结所在，才能从本人的实际条件出发，用切实的行动去促使挫折情境的改变。

（6）用榜样激励自己。榜样的激励作用是巨大的。大学生要经常以伟大人物、英雄模范人物为榜样来激励、督促自己，把他们作为自己学习的楷模，对培养自己的意志品质会收到极佳的效果。可以经常读有关他们的人物传记，学习他们的先进事迹。还可收集警句格言来激励自己、鞭策自己，勇敢地迎接挑战、克服困难。因而，无论是家庭还是学校，都应该教育大学生学会承受口常生活中遇到的挫折，鼓励他们从挫折和失败中获得经验教训，增强克服困难的信心，而且要通过提供适度的挫折情境，采取恰当的方法来锻炼大学生的挫折承受力。

4. 课程配套设置

应根据不同年级学生心理需求设计课程内容，针对不同年级大学生的身心特点及心理需求，开设各种有针对性的心理健康教育，重视学生心理素质的培养和发展，发展相关的能力，是大学生心理健康教育的重要内容。高年级学生更注重个体独立性与自主性的心理素质，低年级学生更注重生活适应方面和人际交往方面的心理素质。对我国高校心理健康教育课程内容的完善，应贯穿于目前高校心理健康教育课程教学过程。目前问题最突出的是，未能科学地设计课程的内容，使得在具体操作时缺乏正确的理论指导，也不能提高学生的学习动机，针对这一问题，就大学的四个年级的课程提出以下策略。

（1）大一年级心理健康教育课重点在于大学生的适应性培养。刚进入大学学习的新生，经常碰到的心理问题有理想与现实的反差造成的落感，对大学学习的不适应造成紧张、焦虑、情绪上的不稳定，而人际交往上的不适应产生严重的孤独感，目标的迷失与徘徊导致迷茫等。应该教导学生以诚恳、公平、谦虚、宽容的态度尊重他人，同时也受到他人的尊重与接纳。社会交往对大学生的发展具有非常重要的作用，它是大学生社会化发展的一条重要途径。国内外也有研究表明，人的首创性同乐观、合群都有密切的联系，一个人无论希望在哪方面做出成绩，首先要学会与人交流、协作。大学一年级是应激性生活事件的高发期，学生的生活质量和自信水平有降低的趋势，对大学生的心理干预宜尽早进行。所以，在这一时期心理健康课程的内容要侧重于大学生活适应，建立和谐的人际关系，迅速转变角色，适应大学生活等。

（2）大二年级心理健康教育课重点在于大学生认清自我，自我调节能力的培养。二年级大学生容易出现的心理问题主要体现为：学习任务的加重、学习方法不当、压力大导致焦虑、抑郁和强迫症状加剧，考试焦虑等心理问题。应培养具有正确的自我意识的大学生，在个人与现实环境的相互关系中，在个人的实践活动中，能把理想的我与现实的我有机地统一起来。面对知识经济时代，社会经济高速发展，大学生必须学会善于调节自己，培养自己的调节能力，以逐步消除快节奏的社会生活所带来的紧张和压力。调节能力就是人们面对环境的变化而进行自我调整以适应环境的能力。大学生必须学会随着环境的改变而不断地更新自我，随着社会的高速发展而不断地调整自己，以适应新的环境。这一时期心理健康教育课程的内容应侧重于大学生心理学，正确认识自己与他人，正确塑造自我，培养自我调控能力等内容。通过训练和指导，帮助学生对自己建立科学的认识，了解自己的身心特点，并在自身的发展变化中始终能做到较好地悦纳自己，如了解自己的优势和不足以及自信培养、良好自我形象建立都能促进大学生健康的发展。

（3）大三年级心理健康教育课重点在于大学生的情感教育，性与爱、情绪与情感的协调等内容和培养。这一时期，大学生主要出现的问题有人际关系不和谐，就业考研压力的提前到来产生焦虑不安，性困惑和对爱情的渴望而产生的焦虑等。在这一过程中，青年大学生对恋爱本质、择偶原则与标准、性行为与性道德等问题的认识与评价，将会影响其正确人生价值观的建立。因此，大学生婚恋观教育也是心理健康教育不可或缺的内容。那么针对这一时期出现的问题，教学的重点内容应侧重于大学生的情感教育，性与爱、情绪与情感的协调等内容。

（4）大四年级开设的心理健康教育课重点在于大学生社会适应性的培养。到了大学的最后一年，面临着升学和继续深造的现实问题，毕业走向的选择、就业冲突、考研冲突、恋爱走向冲突、离别伤感等问题严重困扰着他们。因此，要加强大学生的择业心理指导，对自己所从事的工作方面的信息以及自己所感兴趣的东西掌握好，其他方面的信息知识尽可能地广泛涉猎，保持一颗平常心，以不变应万变，以便更好地承担自己的职业角色，更快地适应社会。因此，大四阶段心理健康教育仍然不能放松，要把内容的重点放在大学生择业心理指导、如何适应社会、承担职业角色和缓解压力等方面的内容上。

5. 形成“学校—家庭—社会”的互助支持体系

我们知道，任何一种现象的发生都不可能是单一的问题引起。对于目前大学生出现的心理问题，也无法仅仅归结到教育疏忽上，其中存在着包括社会、家庭等一系列因素。因此，在努力改善大学生心理健康状况的过程中，仅凭心理健康教育课是远远不够的，在课余时间，我们仍需要多方面的共同支持和配合，这就是建立“学校—家庭—社会”的互助体系。

高校要从态度上重视大学生心理健康课，给予多方面的支持。作为领导层面，要从政策上和经济上给予支持，针对不同年级学生的心理需求开设不同的心理健康课程，适当增加心理健康课程的课时，以更好地完成心理健康教育任务。学校领导也要注重营造良好的校园氛围，促进学生的心理健康。校园文化活动可以吸引学生广泛参与，为他们提供共同的活动条件，创造人际交往的机会，并使他们得以充分发挥自己的能力与才干，增强自信心，消除孤独感。能让学生在紧张的学习压力之下得到轻松愉快的休息，也有助于形成正确的自我观念、角色意识和生活、工作、学习的良好心态，有助于他们形成健康、积极向上、开朗、活泼、热情且有正义感和同情心的良好个性与品格。

此外，家庭也要采取相应措施，从根本上解决学生的心理问题。和谐的家庭氛围有助于正常心理行为的形成，而不正常的家庭内部关系则有可能造成一个人不适当的心理行为。虽然步入大学后，生活空间由以家庭为主转向以学校为主，与家庭接触的时间要大大少于学校，但是，家庭的心理保健功能也万万不可忽视。家庭是每个人温暖的居所，是一个人的第一所学校，也是每个人的避风港，每个家庭成员都受到其他成员的影响，痛苦、失意的时候只有家庭才能给予我们温暖。相当多的家长在子女考入大学后将更多的精力转移到提供经济支持上，而对子女的心理成长问题则关注不够。家庭教育是一个持续的过程，大学阶段的家庭教育是以往各阶段家庭教育的延续，但又有其特殊性，这主要体现在对大学生的家庭教育主要是非智力因素的教育，其内容是配合学校、社会进行综合素质培养。这就要求父母要向孩子学习，并成为孩子心声的忠实倾听者，与孩子进行良好的沟通，不必企图改变和强行塑造孩子，而在于能够进行交流和协商，遵循顺其自然的原则。当然，发挥家庭心理保健功能的前提是家庭成员掌握必要的心理健康常识和教育子女、调节子女不正常情绪情感的知识和技巧。在这一点上，中国目前没有给予高度重视。在美国，有专门的教育机构辅导家长在教育子女、处理与子女关系等方方面面的心理知识，使家长在遇到问题时可以及时地对子女进行必要的指导。而中国在家庭心理健康教育方面的研究较晚，对于培训家长的机构更是少之又少，所以家庭的心理保健功能并未发挥出来。针对现状，家长应主动地汲取心理健康相关知识，同时，社会也应对该问题采取补救措施，举办一些培训班或讲座来扩充家长的心理健康知识。全社会共同重视并将心理健康工作全面落实，是所有策略能够顺利实现的前提和必需条件，只有全社会的共同努力才能把这项工作做好。

就社会角度来讲，可归结为三个方面。从宏观层面，国家和政府的财政支持很重要。任何一项研究都需要大量经费，而心理健康教育课程的教学实效不是短时间就能体现的，但是俗话说得好，“百年大计，教育为本”，作为未来建设者的人才心理健康，才会对祖国建设事业的长久发展贡献力量。另外，针对大学生面临的就业、升学等最典型的心理问题，社会可以采取相应措施来加以调控，为大学生创造更多的就业和升学机会，从而根本上解决大学生的心理问题。最后，不可忽视的一点是调动社会更广泛的力量，进行心理健康知识宣传，运用电视、广播、报纸、杂志等媒介，广泛宣传心理卫生知识，设立专题栏目、热线电话、咨询服务，提高大学生的心理保健意识。有了这些强大的保障，我们的心理健康教育才会真正落入实处。

6. 健康人格教育

21 世纪经济发展和生活环境的变化，引起人们价值观念、生活方式、行为模式等的变革。在这个过程中，人的个性很容易随着社会、经济的发展、民主的进步以及法治的完善发生变化。社会与经济发展的本质要求人的才能的多样化和社会关系的丰富性，要求实现人的自主、独立与平等，实现人格的普遍提高。大学生健康人格教育就是指发展学生心理素质，培养健康的和适应现代社会需要的人格为目的的教育。通过人格教育能培养大学生的健全人格。从更广的视野来思考人格教育的价值，它还具有推动、升华社会文明的巨大作用，是重建当代民族精神的重要的方面。

我国是历史悠久的民族，有许多宝贵的精神文明财富，形成了中华民族优秀的人格特质，如热爱真、善、美，讲求礼、智、信，勤劳节俭，自强不息，艰苦创业，鞠躬尽瘁等，这些传统的优秀人格品质需要通过普遍化的人格教育去挖掘、去发现，使之在现代大学生身上发扬光大。这不仅有助于弘扬我国民族精神，而且还有助于克服和消除我国传统人格中许多落后于时代的东西。

大学生健全人格教育，也是社会文明进步的需要。现代社会是以改革为动力推动前进的，改革的激流渗透到社会生活的各个层面。要改革就离不开创造与竞争，创造性与竞争性是现代社会发展最显著的特征。这一社会特征要求教育从“成才型的学历形成教育”转化为“成人型的着眼于人格形成的教育”。只有培养和造就了大批会生活、会创造、能适应激烈的社会竞争，能够经受困难与挫折考验，心理健康、人格健全的高素质人才，未来社会的发展才有可靠的“基石”和保证。

由此可见，重视大学生健全人格塑造，正是现代教育面向未来社会所做出的必然选择，是一项具有战略意义的新的“希望工程”，具有重大而深远的意义。培养大学生具有健全人格的基本特征和基本精神要素，就要树立人格的理想目标，作为大学生为之奋斗的健全人格的理想模式。在新时期，我们所追求的理想人格，是指一种道德理想或道德上的完美。任何一种社会道德体系，都要树立一种理想人格作为人们道德修养上的奋斗方向和目标。它为人的全面发展注入丰厚的精神动力资源，并规范着人的发展方向。

由上可知，未来社会发展对人的素质的要求体现在理想人格上是比较高的。应该对大学生施行如下的健康人格教育。

（1）乐观的人生态度。包括开阔的胸襟以及宽容、豁达、高尚的精神境界，自我与自然合一；有强烈的环境、生态意识；健康的心理、平和的心态及坚强的意志等各种心理要素协调发展，让理智在心理生活中居支配地位。

（2）有远大崇高的理想，生命不息，奋斗不止，在各种需要中，自我实现的需要居于主导地位；有强烈的成就感、事业心，能够实现自身的价值，为社会做出自己的奉献。

（3）有正确的世界观、人生观、价值观。有正确的价值标准，对生命、幸福有科学的理解，热爱生命、正视生命，在观念上超越生死。

（4）有较强的法律、道德意识；有社会良心，尊重和维护正义、公正、自由、民主、法制等，把幸福与道德有机统一起来，能从奉献中体验到快乐与幸福。

（5）有广博、丰富、扎实的知识和技能，且结构合理，具有开放性、可更新性、变通性。在思维方法上，能应对发展变化，要求新、求异，对事物的发展要具有非同一般的预见性；在知识结构上，视野要广阔，要有较强的辐射性、很高的融合度；在技能行为上，要做到一专多能、触类旁通、技能娴熟、能胜任本职工作，驾驭新形势。

（6）在社会活动上要具有高尚的道德情操，要富有高度的效能和很强的适应能力。人际关系和谐，有宽容的心态，尊重他人，且受他人尊重、爱戴。

第三节　体育锻炼对大学生心理健康的影响

适当的体育活动可以消除疲劳、调节情绪，对大学生气质和人格的培养起到积极的作用。体育活动在增进人的相互交往、克服孤独感、培养心理适应能力等方面具有重要作用。它已作为一种心理治疗手段被广泛应用。

一、促进人的认知能力的发展

体育活动各个运动项目都有一个共同的特点：即在运动或高速运动中要求运动者既能对外界物体（如球、器械等）做出迅速准确地感知与判断，又能迅速感知、协调自己的身体以保证动作的完成。这样长期的运动便能促进人感觉、知觉能力的发展，提高人的反应速度，提高人的直觉判断能力，使人变得敏锐、灵活；有些运动项目还能充分锻炼人的思维能力、判断能力、记忆能力，如围棋、象棋、国际象棋等；而体操、跳水、花样滑冰、健美操等运动项目则能充分发展运动员的想象力和美的表现力。

体育活动对于学生智能发展的影响，突出体现在以下两个方面。

（一）运动能增加氧的供应，使动脉畅通，改善神经细胞的营养和功能

加拿大一位学者对 300 名学生进行 3 年研究的结果表明：那些每天进行体育锻炼的学生，不但身体健康，而且学习成绩优良，他们精力充沛，情绪稳定，并且想象力丰富。

（二）可以开发右脑功能，激发人的创造潜力

右脑是与人的空间图形、直觉、想象相鲜系的优势半球。体育运动充满了空间深度、动作节律、直觉、想象和各种操作性一的逻辑思维和非逻辑思维，因而是开发右脑的极好手段。有资料记载，爱因斯坦的思维方式是：首先把问题变成图像和情景，然后再把图像和情景翻译成语言和数字符号，他

是善用右脑的人。开发右脑，对大学生来说，不仅是增强体质的需要，而且是开发自身的人力资源的需要。

二、体育锻炼可消除心理疲劳

疲劳是一种综合性症状，与人的心理和生理因素有关。体育锻炼是一种娱乐活动，它能使人的头脑从担忧以及其他紧张性思维活动中解放出来。有规律的锻炼会促进身体适应和积极的自我表现，从而提高人对应激的抵抗力。尽管身体活动与心理健康关系的大量研究表明，长期的身体锻炼对心理健康具有促进作用，对身心疾病具有治疗作用，但这种促进和治疗作用不是绝对化的，科学的身体锻炼才能起到上述作用。身体活动有不同类型，活动量有大小之分，锻炼有不同项目，锻炼者在年龄、基础健康状况、人格特征等方面存在极大的差异，适合一类人的锻炼方案未必适合另一类人。必须具体问题具体分析，因人制宜，只有这样才有可能使身体活动取得最大的心理效益。

三、体育运动可以培养大学生乐观、积极、开朗的心境

大学生通过参加体育活动，特别是参加那些自己喜爱和擅长的运动项目，会在身体完成各种练习的过程中、在与同伴默契配合的过程中、在与对手斗智斗勇的拼搏过程中，或在征服大自然（如爬山、远足、野营拉练运动等）后，得到一种非常美妙的快感和心理上的满足，同时自尊心、自信心和自豪感在不同程度上也得到了加强。

四、体育运动可以协调人际关系，提高大学生的社会适应能力

体育活动使人与人之间产生亲近感，特别是在竞争活动中，使人与人之间、集体之间的相互交流和协调更加频繁，是对个人心理品质更为严峻的考验。通过体育运动，可使大学生学会如何正确处理人际关系，提高适应社会的能力，加强集体之间的凝聚力。在体育运动中，不论相识与否，都可以找

到相互交流的手段，一个手势、一套动作都可以交流信息，即使是那些性格内向、不善于交际的人，也可以在运动中很快互相理解。

五、体育运动有利于培养坚强的意志品质

运动中体验到的轻松感、获得胜利的喜悦感不仅可以激发运动的强烈动机，而且有利于激发勇敢拼搏的意志，使运动技术得到充分的发挥，从而取得良好的成绩。若心怀恐惧、情绪低落、缺乏信心，则往往妨碍技术的发挥而导致失败。因此，在体育运动中，有意识地控制自己的情绪和冲动，克服主客观方面的困难，不仅可以集中注意力以取得好的运动成绩，而且可以锻炼个人坚持实现目标、克服困难的意志品质。

增进心理健康的其他途径有：学习一定的心理卫生知识是促进心理健康的基础，建立合理的生活秩序，学习负担要适宜，注意保护大脑，保持良好的情绪，确定符合实际的目标，学会健康的娱乐方法。

六、体育锻炼能治疗心理疾病

科克·凯尔迪等人 1990 年指出，“体育活动已作为治疗心理疾病的一种方法”。此外，根据基恩 1983 年的调查，1750 名心理医生中，有 60% 的人认为应将体育锻炼作为一种治疗手段来消除焦虑症（指一种心理疾病，而不是一般的焦虑反应）；80% 的人则认为，体育锻炼是治疗抑郁症的有效手段之一。体育锻炼的手段越来越多地被运用到心理疾病的治疗中。巴斯奇于 1993 年曾调查过两种体育锻炼方式对于医治严重抑郁症的效果。一种活动方式是散步或慢跑，另一种方式是踢足球、打排球及练体操等体育活动结合放松练习。慢跑或散步者每次连续练习 30 分钟，每周 3 次，共 8 周。混合组患者每次 40 分钟参加两或三种活动，每周 2 次，也是 8 周。在每周的第三天，混合组患者进行放松练习。结果显示，慢跑组患者报告在抑郁感觉和身体症状方面明显地减轻，并报告自尊感增强、身体状态明显好转。相反，混合组患者未报告有任何生理或心理的变化。可见，慢跑或散步等有氧运动更有利于心理健康。马丁森在 1993 年的文献回顾中也许比上述调查研究更

有价值。他回顾了许多有关体育锻炼对于患有焦虑或抑郁症的住院病人的治疗效果，得出的结论是，有氧运动或不强烈的体育活动有助于降低轻度或中度的抑郁情绪。马丁森还简要讨论了体育锻炼与消除心理疾病之间关系的机制。他认为，自我效能、注意分散、控制感等心理机制可以用来解释体育锻炼的心理治疗效应。

第五章

大学生运动营养与健康膳食

第一节　大学生的营养需要与合理膳食

一、大学生体育运动膳食要求

（一）营养要求

（1）食物的数量应满足体育运动能量消耗的需要，使运动健身能保持适宜的体重和体脂。

（2）食物质量方面应保证全部营养素适合的配比。食物中能源物质即蛋白质、脂肪和糖类的比例应适应于不同体育运动的需要。

（3）食物应当是营养平衡和多样化。食物应包括谷物类，蔬菜水果，奶和奶制品，水产品、鱼、肉、禽、蛋、豆和豆制品等高蛋白食品及烹调用油和白糖等纯热量食物。

（4）一日三餐应有较高的热量，并含有丰富的蛋白质、矿物质和维生素等食物。午餐应适当加强，但要注意避免肠胃道负担过重。晚餐的热量一般不宜过多，以免影响睡眠。

（5）运动健身期间要定时进餐，饮食有节，不可暴饮暴食，不喝酒，不吃有刺激性的食物。

（6）运动时进餐次数除日常基本三餐外，最好增加 1～2 次点心，特别是大运动量和大强度运动时更应如此。

（7）进食时间要求应考虑消化功能和运动者的饮食习惯。正常情况下胃中食物的排空时间为 3～4 小时，所以运动一般应在进餐后 1.5～2.5 小时进行。进食和运动的时间间隔过近，既影响消化，又会影响运动；过晚，则造成低血糖。

（8）运动结束后，血液主要分布在肢体皮肤血管内，内脏仍处于一时性缺血状态。因此，运动结束后，不宜立即进食，一般应在运动后休息半小时以上再进餐，大运动量后要休息 45 分钟以上。

（二）膳食平衡

1. 各种营养素摄入量的平衡

中国营养学会制定了各种营养素的每日供给量，膳食中所摄入的各种营养素在一定时期内，保持在标准供给量上下误差不超过 10% 的范围。营养学家建议，每日摄入 20 多种食物大约 1500 克，才能基本保证平衡膳食的要求。保持相互间的比例，即可称之为营养素间的基本平衡。

2. 酸碱平衡

人体正常情况下 pH 值保持在 7.3～7.4。若食品搭配不当，酸性食品在膳食中超过所需的数量，导致血液偏酸性，血液颜色加深、黏度增加，严重时会引起酸中毒。同时还会增加体内钙、镁、钾等离子的消耗，引起缺钙，这种现象称为酸性体质，将会影响身体健康。运动者由于经常参加运动，运动后体内会产生许多酸性代谢产物，应该多摄入一些碱性食物，以维持体内的酸碱平衡。

常见的酸性食品有蛋黄、大米、鸡肉、鳗鱼、面粉、鲤鱼、猪肉、牛肉、干鱿鱼、啤酒、花生等。常见的碱性食品有海带、菠菜、西瓜、萝卜、茶叶、香蕉、苹果、草莓、南瓜、四季豆、黄瓜、藕等。

3. 热量营养素平衡

糖类、脂肪、蛋白质均能给机体提供热量，故称为热量营养素。当这三种物质摄入量适当时，各自的特殊作用方可发挥并互相起到促进和保护作用，这种情况称之为热量营养素平衡。糖类、蛋白质、脂肪三者摄入量的合适比例为 6.5∶1∶0.7，这样在体内经过生理燃烧后，分别给机体提供的热量为糖类占 60%～70%、蛋白质占 10%～15%、脂肪占 20%～25%，即称为热量营养素平衡。

4. 氨基酸平衡

食物蛋白质营养价值的高低，很大程度上取决于食物中所含的 8 种必需氨基酸的数量及比例。只有数量及比例同人体的需要接近时，才能合成人体的组织蛋白质；反之，则会影响食物中蛋白质的利用。世界卫生组织（WHO）提出了人体所需 8 种必需氨基酸的比例，比例越与之接近，生理价值越高。生理价值接近 100 时，即 100% 被吸收，就称为全部氨基酸平衡。能达到氨基酸全部平衡的蛋白质，称之为完全蛋白质。利用上面的标准可以对各种食物的蛋白质进行氨基酸评分。

二、大学生合理膳食营养

多数食品氨基酸构成均不平衡，所以蛋白质的营养价值就受到影响，如玉米中亮氨酸过高影响了异亮氨酸的利用；小米中精氨酸过高，影响了赖氨酸的利用。因此，运动者以植物性食物为主的膳食中，应注意食物的合理搭配，纠正氨基酸构成比例的不平衡。鸡蛋、人奶是氨基酸平衡的食品。

（一）营养标准

中国营养学会推荐的大学生每日膳食中营养供给标准如表 5–1。

表 5–1　中国营养学会推荐的大学生每日膳食中营养供给标准
（男体重 63 千克，女体重 53 千克）

营养物质	男	女
热能 / 千卡	3000	2700
蛋白质 / 克	90	80
脂肪 / 克	70	60
钙 / 毫克	800	800
铁 / 毫克	12	18
锌 / 毫克	15	15
硒 / 微克	50	50

续表

营养物质	男	女
碘 / 微克	150	150
维生素 A/ 微克	800	800
维生素 D/ 微克	5	5
维生素 E/ 毫克	10	10
维生素 B_1/ 毫克	1.5	1.4
维生素 B_2/ 毫克	1.5	1.4
烟酸 / 毫克	1.5	1.4
维生素 C/ 毫克	60	60

（二）膳食的合理构成

中国营养学会根据平衡膳食的原则，提出的膳食构成如下。

1. 食物多样、谷类为主

谷类和薯类、动物性食物、豆类及其制品、蔬菜水果和纯热能量食物所含的营养成分不完全相同，膳食中要使食品多样化，同时注意粗细搭配。多吃一些粗粮、杂粮，稻米、小麦不要碾磨太精，防止谷粒表层中所含维生素、矿物质随糠麸而丢失。

2. 多吃蔬菜、水果和薯类

蔬菜、水果和薯类是维生素、矿物质及纤维素的主要来源。富含蔬菜、水果和薯类的膳食，对保护心血管健康，增强抗病能力，减少眼干燥症的发生及预防癌症等方面均有重要作用。

3. 每天吃奶类、豆类或其制品

奶类和豆类除含有丰富的优质蛋白质和维生素外，还含有较高的钙，利用率很高。

4. 经常吃适量的鱼、禽、蛋、瘦肉，少吃肥肉和荤油

鱼、禽、蛋、瘦肉等动物性食物是人体优质蛋白、脂肪、脂溶性维生素、B族维生素和矿物质的主要来源。脂肪和蛋白质摄入过多，常常引起肥胖，而成为高血压、糖尿病、冠心病等慢性非传染性疾病的危险因素。

5. 吃清淡少盐的膳食

世界卫生组织建议每人每日食盐用量不超过6克。清淡少盐的膳食对预防高血压、心血管病有很重要的作用。

6. 食量与体力活动平衡，保持适宜体重

食物提供的能量超过人体活动所消耗，那么多余的能量就会以脂肪的形式贮存于体内，逐渐积累使人体发胖。相反，若进食提供人体的能量不能满足人体活动所需的能量，体内就会动员脂肪来供能，久之便会引起消瘦，造成抵抗力降低。所以，要保持食量与能量消耗之间的动态平衡。

(三)“4+1营养金字塔”

营养专家提出食物指南指导人们摄入营养，食物指南被形象地称为“4+1营养金字塔”。“4+1营养金字塔”如图5-1。

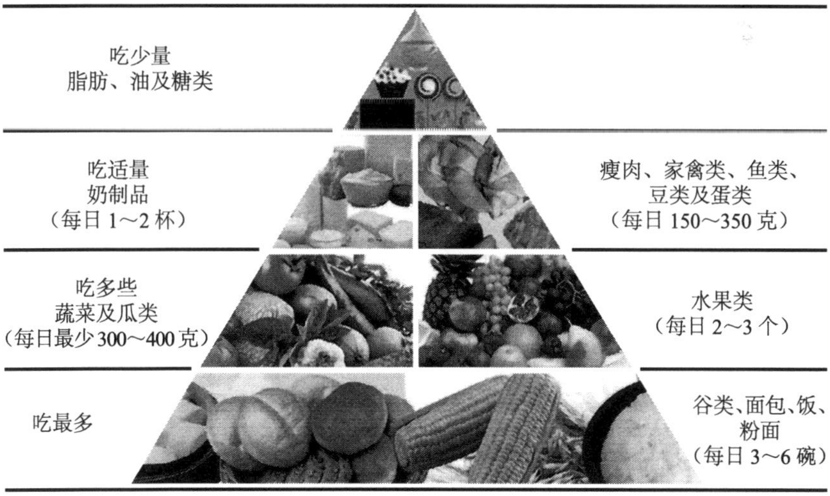

图5-1　4+1营养金字塔

“4+1 营养金字塔”的第一层即底层是最重要的粮谷类食物，它构成塔基，应占饮食中的最大比重。成年人每日粮豆类食物摄取量为400～500克，粮食与豆类之比为10∶1。第二层是蔬菜和水果，在金字塔中占据了相当的地位。每日蔬菜和水果摄入量为300～400克，蔬菜与水果之比为8∶1。第三层是奶和奶制品，以补充优质蛋白和钙，每日摄取量为200～300克。第四层为动物性食品，主要提供蛋白质、脂肪、B族维生素和无机盐。禽、肉、鱼、蛋等动物性食品每日摄入量为100～200克。塔尖是膳食中放入少量的盐和糖类。其中第一、第二层的碳水化合物食物应提供人体所需能量(热量)的65%；第三、第四层食物中的脂肪应提供人体所需能量的25%，这两层中的蛋白质应提供人体所需的剩余能量，约占人体总能量的10%。

三、大学生膳食建议

（一）健康膳食要求

1. 少吃脂肪多吃粮

美国肥胖人比中国肥胖人多25%，主要是因为中国人多以谷类食物为主食。随着生活水平的提高，人们倾向食用更多动物性食物。有些家庭的动物性食物消费量已经超过谷类消费量，这种膳食提供的能量和脂肪过高，对预防一些慢性病十分不利。

2. 多吃奶品豆类

奶品除含有丰富的蛋白质和维生素外，含钙量大，且体内吸收率也较高，是天然钙质和蛋白质的最佳来源。

3. 多吃水果蔬菜

蔬菜水果和薯类食品等含有多种维生素、矿物质和植物纤维，对保护心血管健康，增强抗病能力起着十分重要的作用。

4. 多吃白肉少吃红肉

白肉以鱼肉为主，含丰富的优质蛋白质。鱼肉中的脂肪比较低，而且多含有不饱和脂肪酸。牛、羊、猪肉等红肉中的脂肪含量要远大于白肉，且多为饱和脂肪酸，容易形成动脉粥样硬化。

5. 少吃盐和食糖

过量摄入食盐可以引起高血压、冠心病，而且与胃溃疡、胃癌的发病也有一些关系。另外，糖品对人体健康来说，除了能为机体增加一些机体并不缺乏的热量之外，不再有什么益处了。

（二）科学的三餐膳食比例

很多人三餐的比例失调，晚餐营养过剩。大多时候，吃晚餐的时间相对充裕，因此吃得丰盛。晚餐食用过多高蛋白、高脂肪、高能量的食物已成为大多数人的生活方式。但晚餐吃得过多，会引起胆固醇升高，刺激肝脏制造更多的低密度与极低密度脂蛋白，诱发动脉硬化和心脑血管类疾病，同时血液中糖、氨基酸、脂肪酸的浓度将随之增高，而且晚饭后人们的活动量往往较小，热量消耗少，在胰岛素的作用下，摄入的食物将转变为脂肪，长此以往，身体也会逐渐发胖。

有不少人习惯了“早餐吃得少、午餐吃得好、晚餐吃得饱”的饮食方式。其实，在一天的饮食需求中，小肠的需求恰好是与之相反的。通常，早、中、晚三餐的比例应该为3∶4，这样既能保证活动时能量的供给，又能使胃肠在睡眠中得到休息。从营养学的角度来说，我们每天的热量供应应该集中在午餐，一般要求晚餐所供给的热量，应不超过全日膳食总热量的30%。否则会加速糖耐量的降低，促使胰腺衰老，最终发生糖尿病，而糖尿病和血管病变互为因果，容易形成恶性循环。

（三）培养科学的饮食习惯

1. 合理安排一日三餐

（1）时间按安排。一般每日三餐，三餐的时间最好相对固定，以利于胃肠道的消化。两餐之间的间隔一般以混合性食物在胃内停留4～5小时为据，所以两餐间隔时间以4～6小时为宜。

（2）热能安排。每餐的数量和能量分配要适应学习和生理的需要。一般安排为早餐占全天总热量的30%左右，午餐占全天总热量的40%～45%，晚餐占全天总热量的25%～30%。

2. 培养良好的个人饮食素养

（1）注意食物品种全面搭配和多样化，每天以粮谷类为主，多吃蔬菜、水果及豆制品，尽量坚持喝牛奶或豆奶，经常吃鱼、禽、蛋、瘦肉等。

（2）每天热量结构建议碳水化合物占总热量的60%～70%，蛋白质占总热量10%～15%，脂肪占总热量的20%～25%。

（3）在饮食上还要注意营养卫生，不要吃太咸、太油腻的食物，不要多吃油炸和烟熏的食物，不饮酒，不吃变质、变味食物。

（4）用餐环境保持安静、清洁，不在进餐时看书、喧哗。不吃街头无食品卫生许可证摊贩的食品。

（5）提高自己的营养知识水平，讲究合理的膳食结构，在每日膳食中包含“平衡膳食宝塔”中的各类食物，掌握好搭配和比例。

3. 合理加餐

大学生每日紧张的脑力劳动常在10小时以上，能量消耗多，因此可考虑增加课间餐和夜宵，以利于学习和生活。但摄入的食物量不宜太多，应以碳水化合物为主，以利于消化和吸收，迅速提高血糖浓度，且不影响三餐的正常进餐。适当增加夜宵亦有利于身体健康。

（四）不提倡做纯素食主义者

肥胖症、高血压、冠心病、糖尿病等“现代病”折磨着很多人，因此在一些国家兴起了“食素热”，国内很多大学生也加入其中。事实上，以素食为主的饮食固然有其益处，但其弊病也是不容忽视的。纯素食的主要弊病表现在以下几方面。

1. 容易营养不良

素食的蛋白质与脂肪严重不足。蛋白质是建造和修补人体细胞组织的主要原料，长期缺乏则对机体的抗病能力影响极大。脂肪产热量很高，不饱和脂肪酸更是“人脑的食粮”，对促进大脑智力发育极为重要，所以长期素食对生长发育迅速的青少年危害更甚。经常吃素的少女往往月经来潮推迟，吃素的女运动员容易发生继发性闭经。另外，缺乏脂肪会影响脂溶性维生素A、D、E、K的吸收，对人体有很大的危害。

2．容易引起微量元素和维生素缺乏症

人体必需的微量元素如锌、钙、铁等主要来自荤食，而不是素食。锌主要来源于动物性食物，饮食中80%的钙来自奶类，80%的铁来自肉类和蛋类。素食中锌、钙、铁含量少，素食中有较多的植酸和草酸，反而会阻碍锌、钙和铁等微量元素的吸收。例如，菠菜中含有的草酸能结合豆腐里的钙成为草酸钙，不为人体吸收。因此，长期食素者容易发生因缺乏微量元素而引起的一些疾病。缺乏锌可引起小儿厌食症、异食癖和成年人的性功能下降、不育症；缺钙会引起小儿佝偻病和中老年人骨质增生、骨质疏松症；缺铁会引起贫血和影响小儿智力发育。

在我国，应选择荤素结合的饮食结构为宜。对于肥胖症、糖尿病、心血管疾病者，可适当多吃点素食，而对于生长发育期的儿童及营养不良、微量元素缺乏者，不妨多吃点荤食。总之，最科学的饮食结构应该是荤素结合，比例适当，而不提倡“素食主义”。

第二节　体育锻炼与营养补充

一、运动与水的补充

水的代谢在运动中十分重要，人体物质代谢的许多废弃物，通过排汗带出体外，排汗还是调节体温的重要手段。人在运动时会大量排汗，4小时长跑出汗量可达4.5升之多，大量出汗会使体液减少，体液减少会产生不同程度的脱水，轻度脱水时心率和体温明显升高，增加了血液黏稠度，血液流速降低，导致运动能力下降；重度脱水可能引起热痉挛、中暑、昏迷等。因此，及时补充水分，保持水代谢平衡是体育锻炼者应当重视的问题。在饮水时应注意以下几点。

（1）饮水要及时、少量、多次为宜，最好是间隔 15～20 分钟喝 200～300 毫升饮料。

（2）开始运动前 10～15 分钟要适量饮水。

（3）水温在 8℃～14℃为宜。

（4）饮料最好是接近血浆渗透压的淡盐水或运动饮料。

二、运动与糖的补充

糖是人体的重要能源物质，它供给约 70% 人体所需的能量，其中，脑组织所需能量的唯一来源就是糖。体内糖的储存量与运动能力成正比关系，运动时体内糖储备将被大量消耗，血糖水平会有一定程度的降低，因此，运动后，糖的补充就显得尤为重要，必须定时进食一定量的糖，以维持正常血糖水平，保障大脑的正常功能。体育锻炼补糖应注意以下问题：

（1）运动后的进餐，应以含糖丰富的食物为主，谷类（如米、麦、高粱、玉米等）、豆类和根茎类（如白薯、土豆）及含 B 族维生素较多的食品（如蔬菜、肝、蛋等），这样有助于能量的转化。

（2）应在运动后 1～2 小时之间补充糖分，这样补糖效果会更好。

（3）补糖不是直接吃白糖，直接吃糖会使血糖浓度增加，还会增加胰腺的负担。

（4）补糖要适量，不宜过多。

（5）运动前 30～90 分钟内不要直接吃糖，那样会引起在运动时出现胰岛素水平降低，影响糖代谢。

（6）运动后，可以适量饮用含有适量葡萄糖、果糖和蔗糖的运动饮料，以补充糖分。

三、运动前后的进食问题

在运动前后进食应注意以下问题。

（一）不要空腹锻炼

空腹时人体内血糖水平降低，会出现头昏、四肢乏力乃至昏厥等现象。另外，空腹锻炼会产生饥饿感，可能会出现腹痛。

（二）不要饭后立即大运动量锻炼

进餐后，消化器官活动需要大量的血液供给，饭后立即参加体育锻炼，由于大量血液优先供给四肢肌肉，使肠胃部的血液流量减少，从而影响了食物的消化和吸收。此外，肠胃受到器械或自身负荷的压迫后，蠕动受到限制，容易引起机能障碍，可能产生胃痉挛、腹痛、出虚汗或呕吐等现象。因此，一般应在饭后 1.5～2 小时后再开始健身锻炼。

（三）不宜多吃油腻或过咸的食物

特别是在参加体育锻炼前更要注意。因为胃肠需要更多的血液和肝脏大量分泌胆汁去应付这些不易消化的油腻食物，会产生腹胀等不适感，而且会影响运动器官的血液供应。锻炼前进食过成食物，容易引起口干舌燥，势必大量饮水，使肚子发胀；同时，盐分过量，还会使身体疲乏无力，心跳加速，从而影响健身锻炼的效果。

四、运动与蛋白质的补充

蛋白质与人的运动能力密切相关，肌肉收缩、氧的运输与储存离不开蛋白质，蛋白质还可为运动提供能量，以及具备调节物质代谢与生理的功能。另外，运动引起肌肉蛋白的分解，又促进蛋白的合成，使肌肉变得更粗，发生超量恢复。所以，经常参加体育锻炼的人，对蛋白质的需求量增加，摄入量高于普通人群。合理补充蛋白质对改善肌肉质量和力量都有良好的作用。但是，若蛋白质摄入不足，不仅影响运动训练效果，而且会导致运动性贫血。不过，蛋白质的摄入也要适度，摄入过多蛋白质，也会影响机体的正常代谢。

五、运动与维生素的补充

维生素是维持生命必需的、不可缺少的元素，其主要作用是辅酶功能。

维生素代谢的平衡还能起到增强免疫力，帮助恢复体力的作用。另外，维生素 A、B 族维生素、维生素 C、维生素 E 和胡萝卜素等又是抗氧化剂，能抵抗人体运动产生的对人体有害的过氧化自由基的副作用。体育锻炼使人体热能及各种营养物质的消耗加大，各种酶的活动加剧，维生素也有流失，因此，需要及时补充。运动后也应多食含维生素丰富的蔬菜和水果，注意维生素的补充。维生素的补充以平衡为原则，最好从天然的蔬菜水果中摄取，不要过量地以药物的形式补充，那样做有时往往适得其反。

六、运动与矿物质的补充

矿物质可保持体内酸碱平衡，维持细胞间液的渗透压，参与脂肪、蛋白质、碳水化合物的代谢，维持肌肉、神经和心脏的正常机能状态。运动时人体内部化学反应加剧，许多矿物质因参与化学反应而消耗，或随着大量出汗排出体外。如果这些元素缺乏，将影响人体的运动能力，并相应产生一些病症。因此，运动后也应该多食用含矿物质丰富的植物和水果，注意矿物质的补充。

补充矿物质时应注意各种元素的平衡性，不能只注意某种元素的补充而忽视补充其他元素，因为它们之间是相互影响的。同时还应注意，矿物质的补充不是朝夕之事，而是一个需要长期坚持的过程。

第六章 体育锻炼的原则及科学方法

第一节 体育锻炼的原则

体育锻炼原则是长期体育锻炼经验的概括与总结，它反映了体育锻炼的客观规律。实践证明，任何一种卓有成效的锻炼行为，总是自觉或不自觉地遵循一些锻炼原则。体育锻炼者要想达到增进健康、增强体质的目的，就必须了解并遵循体育锻炼原则。

一、从实际出发原则

体育锻炼应从个人的实际情况和环境条件的实际出发。由于每个人的身体综合状况以及个人所处的环境存在着差异，因此，在确定锻炼目标、选择运动项目、安排运动时间和运动负荷量等方面应该因人而异、区别对待。

首先，体育锻炼应从自身实际出发。锻炼前应对自身的状况（包括性别、年龄、体质和健康）有所了解，锻炼时有目的地选择及确定运动项目和练习方法，合理安排锻炼时间和运动负荷量。每次锻炼前，都要对自己当前的健康状况进行评估，使自己的身体能够承受运动项目的难度和强度。如果违反了这一基本规律，不仅收不到锻炼效果，反而有损身体健康。

其次，应从环境条件的实际出发。只有充分考虑到季节、气候、场地、器材等条件的特点，按照科学锻炼的方法进行锻炼，才能收到良好的锻炼效果。如在冬季应着重发展耐力和力量素质；在春、秋两季应重点进行技术性的项目；在炎热的夏季，游泳是较为理想的项目。

二、自觉积极性原则

自觉积极性原则指体育锻炼者有明确的健身目标，充分认识体育锻炼的价值，自觉积极地从事体育锻炼活动。体育锻炼是一个自我锻炼、自我完善，并需要克服自身的惰性，战胜各种困难的过程。同时，还要有一定的作息制度做保证，把体育锻炼当作生活中不可缺少的一部分，才能奏效。

如何提高体育锻炼的自觉积极性？

（1）明确“生命在于运动”的科学道理，树立正确的锻炼目的，把体育锻炼当作是日常学习和生活的自觉需要，激发锻炼的主动性，从而调动锻炼的积极性。

（2）培养兴趣，兴趣是人们认识事物和从事活动的倾向。当一个人对一项体育活动产生兴趣时，就会对这项体育活动表现出极大的主动性和自觉性，做到身心融为一体。

三、持之以恒原则

持之以恒原则是指体育锻炼必须经常性进行，使之成为日常生活中的重要内容。体育锻炼对机体给予刺激，每次刺激都产生一定的作用痕迹，连续不断的刺激作用则产生痕迹的积累。这种积累使机体结构和机能产生新的适应，体质就会不断增强，动作技能形成的条件反射也会不断得到强化。因此，体育锻炼贵在坚持，不能设想在短时间内取得显著效果，必须得长久积累。

如何才能使体育锻炼持之以恒？

（1）根据个人能力所及，确立一个能够实现的体育锻炼目标（不宜太高），制订一个切实可行的锻炼计划（能长期坚持）。

（2）强化锻炼意识，把体育锻炼列为日常生活内容，定期保证有一定的体育锻炼时间，逐步养成习惯，使体育锻炼成为生活的重要组成部分。

（3）体育锻炼的效果并非一劳永逸，如果锻炼间隔时间过长，效果就会不明显。因此，每次锻炼要安排合理的锻炼间隔。

四、循序渐进原则

循序渐进原则是指体育锻炼必须遵循人体自然发展、机体适应的基本规律，从不同的主客观实际出发，合理安排运动负荷，在渐进的基础上提高锻炼水平。在体育锻炼过程中，运动负荷的大小直接影响人体机能的变化，负荷是否适宜对锻炼效果起很大的作用。运动负荷的大小因人、因时而异。即便是同一个人，在不同的机能状态、不同的时间，对负荷的承受能力也不尽相同。因此，进行体育锻炼时应循序渐进，随时调整运动负荷，逐步提高锻炼水平。

如何贯彻循序渐进的原则？

（1）体育锻炼力戒急于求成，必须根据锻炼者自身的实际情况确定运动负荷的大小，做到量力而行，尤其要注意锻炼后疲劳感的适度。

（2）运动负荷应由小到大，逐步提高。开始从事体育锻炼或中断体育锻炼后恢复锻炼时，强度宜小，时间宜短，密度适宜。

（3）注意提高人体已经适应的运动负荷，使体能保持不断增强的趋势。一般应在逐步提高“量”的基础上，再逐渐增大运动强度，使之适应并感到胜任的愉快，然后做相应的调整。随时加强自我监督，密切注意身体机能的不良反应。

（4）锻炼开始时，重视准备活动；锻炼结束后，做好放松整理活动。

（5）缺乏一定体育锻炼基础的人或中断体育锻炼过久的人，不宜参加紧张激烈的比赛活动。

五、全面性原则

体育锻炼可以使身体形态、机能、身体素质和心理素质得到全面、和谐的发展。人体是一个有机的统一体，各个器官和系统的机能都相互联系和相互影响，因此，体育锻炼时所选择的练习内容和方法应力求全面影响身体，使身体各器官系统的机能和各种身体素质得到全面发展。所以，练习内容和练习手段应丰富、多样，避免长期局限于只锻炼身体某一部位或只发展某种身体素质的练习。在一次体育锻炼中可以以某一项为主，辅以其他锻炼内容，如健美爱好者应在进行肌肉力量练习的同时，也增加一些发展有氧耐力和柔韧素质的练习，使身体得到全面的锻炼。

六、安全性原则

进行体育锻炼一定要注意安全，必须遵循锻炼的科学规律，加强自我监督、自我保健，防止伤害事故的发生。

定期进行身体检查，随时监督自身的身体变化，了解疲劳程度、健康状况、计划的完成情况和锻炼效果等信息，使锻炼更有针对性。加强自我保健还能减少不必要的运动损伤。

养成讲究运动卫生、注重运动安全和科学锻炼的良好习惯。在运动前，除了做好准备活动之外，还要充分了解场地、器材的安全性能，尽可能避免使用有安全隐患的场地或器材。此外，还要充分考虑到天气因素可能对运动带来的影响。

第二节　体育锻炼的内容

一、体育锻炼内容介绍

体育锻炼的内容多种多样，根据体育项目的功能和锻炼的目的，可分为健身运动、健美运动、娱乐运动、康复医疗体育、竞技运动和极限运动等内容。

（一）健身运动

健身运动是正常人为了增进健康、增强体质而进行的体育锻炼。目的是通过这类运动，促进身体正常发育，使身体各部分协调发展，增强人体各器官机能，提高身体素质，以及提高人体的基本活动能力。健身运动包括步行、慢跑、太极拳、游泳、骑自行车、划船、滑冰、舞蹈及各种球类活动等。

（二）健美运动

健美运动是不断地采用大负荷量来发展肌肉力量、改善身体形态的一项运动。健美运动可以使身体更加健壮，肌肉更加发达；同时，还能培养审美能力和身体表现力，帮助人们树立正确的形体健美观念。其形式有多种，如为了使肌肉发达，可以采用器械练习；为了形成良好的体型与姿态，可以采用艺术体操、形体训练、健美操、各种舞蹈和基本体操中的一些练习等。

（三）娱乐运动

娱乐运动是为了调节精神、丰富文化生活而进行的体育活动。这类活动使人身心愉快，既锻炼了身体，也陶冶了情操。如活动性游戏、渔猎、郊游、打台球、野外森林定向活动等。

（四）康复医疗体育

康复医疗体育又称为运动疗法或体育康复医疗，指以体育锻炼为手段进行疾病治疗和恢复受损后身体机能的康复过程。康复医疗体育已被证明对多种疾病的治疗起到了积极作用。锻炼内容主要有散步、慢跑、太极拳（剑）、气功、按摩、矫正体操、保健操等，可根据疾病的性质有针对性地采用相应的体育手段和方法。对于某些疾病，如心血管疾病、糖尿病、高血压等，在医生指导下进行锻炼，效果会更为显著。

（五）竞技运动

竞技运动是通过科学的、系统化的训练，以竞赛的方式，达到最大限度发挥个人或集体在体格、体能、心理和运动能力等方面的潜能，从而取得优异成绩的一种体育运动。竞技运动的项目较多，不同的运动项目具有不同的锻炼作用。

选择以竞技运动项目作为体育锻炼内容时，要从实际出发，有目的、有计划地选用，除了专业运动员，普通人应选择容易开展、趣味性强、锻炼价值较高的竞技运动项目进行锻炼。其内容有球类、田径、体操、游泳、冰雪运动等。

（六）极限运动

极限运动是能够激发人体最大潜能、使人的生理和心理承受能力得到最大限度提高的一类运动。极限运动具有冒险性、刺激性、创新性等特点，如蹦极、攀岩、跳伞、冲浪、滑板等。

极限运动的危险性很高，因此，在运动前应做好充分的准备工作，练习也要循序渐进、由易到难。此外，有心脏病、高血压等疾病的人不宜参与此类运动。

二、体育锻炼内容的选择

科学地选择体育锻炼的内容，是获得良好体育锻炼效果的重要环节。在选择体育锻炼内容时，应注意以下几点。

（一）选择体育锻炼的内容应注意针对性

针对性就是要因人而异，即根据自身的爱好、身体特点、场地器材条件、学校或周围环境以及今后的需要来决定锻炼内容。人的个体差异很大，在选择锻炼内容时要考虑年龄、性别、身体条件、运动基础、健康状况和自己的兴趣爱好以及需求等情况。确定锻炼的目的是健身、健美还是提高运动水平，是娱乐、医疗还是促进身体的正常发育，然后选择那些适合于自己的运动项目与形式进行锻炼。对高校学生来说，应多进行一些竞技性活动和娱乐性项目，尽量多接触不同性质的运动项目，尤其是要关注新兴运动项目，以丰富运动经历。要多参加田径、球类、体操等传统项目，对定向运动、登山运动、野外训练等新兴运动项目也可以在条件成熟的情况下适当参与。

（二）选择体育锻炼内容时要有各自的目的性

体育锻炼的目的不同，所采用的锻炼方法也就不同。如以健身为目的，就应该选择有氧运动，较好的有氧运动项目包括慢跑、网球、排球等。若以减轻体重为目的，则应选取摄取能量与消耗能量保持平衡，甚至消耗能量大于摄取能量的运动项目，如长跑、竞走等。

（三）选择体育锻炼的内容时还要顾及全面发展

体育锻炼应考虑全面性，使身体的各个部位、各系统运动技能、身体素质和基本活动能力都得到全面的发展。

（四）体育锻炼的内容应实用方便

进行体育锻炼应考虑实际条件，如场地、器材等客观条件，因时、因地进行一些实效性强而又简便易行的锻炼内容和形式。同时，也可以创造性地移植项目，创造适应客观条件的新项目。

（五）体育锻炼的内容应注意因时制宜

体育锻炼要从实际出发，讲求实效，不要贪多，力求简单易行。同时，要考虑当地的季节气候情况，因时制宜。我国大部分地区一年四季气候差异较大，很多项目对气候环境有极高的要求，这就要求练习者要掌握几种不同季节条件下的运动项目，在不同时间段进行不同项目的锻炼。

表 6-1 是一些常见的体育锻炼项目功能列表，供大家在选择适合自己的体育锻炼项目时参考。

表 6-1　体育锻炼项目功能列表

项　目	主要锻炼目的、功能	适宜年龄段	场地制约条件	技术复杂程度	趣味性	体力消耗	受季节限制
健身跑	健身、康复；心肺功能、肌耐力	不限	★	★	★	★★★★	★
快速跑	健身、训练；速度、爆发力、无氧代谢能力	少青中	★★	★★	★	★★	★
跳绳	健身、康复、训练；弹跳力协调	少青中	—	—	—	★★★	—
网球	健身、训练；综合素质	不限	★★★★	★★★★★	★★★	★★★★	★★★★
乒乓球	健身、训练；灵敏、协调	不限	★★★★	★★★★	★★★★	★★	★
羽毛球	健身、训练、康复；综合素质	不限	★★★	★★	★★★★	★★★★	★★★★★
篮球	健身、训练；综合素质	不限	★★★★	★★★	★★★★	★★★	★★★★
足球	健身、训练；综合素质	少青中	★★★★	★★★	★★★★	★★★★	★

续表

项　目	主要锻炼目的、功能	适宜年龄段	场地制约条件	技术复杂程度	趣味性	体力消耗	受季节限制
排球	健身、训练；综合素质	少青中	★★★	★★★★★	★★★	★★★	★★★★
登山	健身、康复；基本活动能力	不限	★★★★	★	★★	★★★★	★★★
舍宾	健身、康复；协调、柔韧	不限	★★	★★★	★★★	★★★	—
游泳	健身、训练；心肺功能、协调、肌耐力	不限	★★★★★	★★★★	★★★	★★★★	★★★★
健步走	健身、康复；基本活动能力	不限	—	—	★	★★	★
武术	健身、训练；灵敏、协调、柔韧	不限	★★	★★★★★	★★★	★★★	★★
太极拳	健身、康复；协调、柔韧、肌耐力	不限	—	★★★★	★★★	★★	—
气功	健身、康复；协调、柔韧	青中老	★	★	★	★	★
攀岩	健身、训练；力量、耐力、柔韧	青中	★★★★★	★★★★★	★★★★	★★★★★	★★★
定向越野	健身、训练；心肺功能	不限	★★	★★	★★★★★	★★★★	★★
射箭	健身、训练；力量	不限	★★★★★	★★	★★★	★	—
健身操	健身、康复；综合素质	不限	★	★★★	★★★	★★★★	★
骑自行车	健身、康复；心肺功能	不限	★★	★★	★★	★★★	★★
跆拳道	健身、训练；综合素质	少青中	★★★	★★★	★★★	★★★★	★
健美	健身、康复、训练；力量、柔韧	青中	★★★	★★	★★	★★★★	—
台球	健身、康复；协调	不限	★★★★★	★★★	★★★★★	★	—

续表

项　目	主要锻炼目的、功能	适宜年龄段	场地制约条件	技术复杂程度	趣味性	体力消耗	受季节限制
保龄球	健身、康复；力量、协调	不限	★★★★★	★★★	★★★★★	★★★	—
体育舞蹈	健身、康复；协调	不限	★★	★★	★★★★	★★★	★
轮滑	健身；协调、柔韧	少青中	★★★	★★★	★★★	★★★	★★★★
拳击	健身、训练；综合素质	青中	★★	★★★	★★★★	★★★★★	★
散手	健身、训练；综合素质	青中	★★	★★★★	★★★★	★★★★★	★

第三节　体育锻炼的方法

体育锻炼的方法是根据人体发展的规律，运用各种身体练习和自然因素培育和发展体质，达到锻炼身体的目的。

一、体育锻炼的一般方法

（一）负重练习法

即载负重量进行锻炼。它要求锻炼者按一定的次数、重量、标准和动作频率去锻炼身体，增强体质，如杠铃、沙袋等。

（二）重复锻炼法

按预定内容反复进行某一锻炼的方法，如 50 米加速跑 4～6 次，每次跑后间歇 1～2 分钟，主要用于下肢力量和速度素质。

（三）综合锻炼法

为促进身体各部位的全面发展而把对身体各个部位有不同作用的几个

或更多的运动项目搭配起来，如跳绳—立卧掌—引体向上—双臂屈伸—多级跳远等综合锻炼法。

（四）身体不同部位锻炼方法

1. 头颈运动

方法有头前屈、后屈、侧屈、回旋等。

2. 上肢运动

方法有俯卧撑、双杠臂前屈伸、单杠引体向上及持器械的各种练习。

3. 躯干运动

方法有仰卧起坐、仰卧举腿、仰卧两头起、悬垂举腿、腰侧屈等。

4. 下肢运动

下肢为人体支柱，应使其发达、健壮。方法有杠铃深蹲、半蹲、提膝、跳跃等。

二、简便易行的锻炼方法

（一）步行锻炼法

步行是体育锻炼中最简便易行的锻炼方法，步行锻炼主要由步行的距离、速度决定其运动强度，锻炼者应根据本人的实际情况进行选择，常言道“饭后百步走，活到九十九”。

（二）跑步锻炼法

跑步是一种有关肌肉群反复活动的全身有氧活动，利用跑步可以消耗体内过多的能量，有助于减少体内的脂肪和控制体重。

（三）游泳锻炼法

游泳的锻炼价值与跑步非常相似。所需的能量是跑步的 4 倍之多，但心率却处于较低水平。因此，这是一种更安全的健身方法。

（四）跳绳锻炼法

能提高心血管系统和呼吸系统的功能，提高肌肉长时间工作的能力，同时能使人的速度、灵敏性、协调性等体能得到加强，为此跳绳锻炼是最好的减肥方法之一。

（五）有氧操锻炼法

有氧操是一种充满活力的锻炼方法，在提高心血管系统和呼吸系统的功能方面有明显作用，通过跳操，可以使体重得到有效控制。

三、提高身体素质的方法

（一）发展心肺功能的体育锻炼方法

心肺功能主要包括有氧耐力和无氧耐力。

有氧耐力又称一般耐力，指机体在氧气供应较充足的情况下，能够坚持较长时间工作的能力，主要用于维持身体健康。有氧耐力训练的目的在于提高人体输送氧气的能力，促进有机体的新陈代谢。

无氧耐力也叫速度耐力，指机体在氧气供应不足的情况下，能坚持较长时间工作的能力。无氧耐力又分为非乳酸供能无氧耐力和乳酸供能无氧耐力。机体在长时间供氧不足的状态下进行工作，会产生“氧债”，无氧耐力的训练目的就是要提高机体承受“氧债”的能力，从而提高运动竞技水平。

1．有氧耐力的练习

（1）有氧耐力的练习方法。

①持续练习。在持续练习过程中，如长跑、游泳、自行车等项目在相对较长的时间里以较为恒定的速度持续地进行练习。

采用持续练习方法发展有氧耐力时的注意事项是：

a. 练习强度。单纯发展有氧耐力的练习强度相对要小，应低于最大强度的70%，以有氧供应为主。对于普通练习者，其心率可控制在120～140次/分。

b. 练习时间。有氧耐力的练习时间一般可根据个人运动水平而定，但维持适宜心率的时间应超过 10 分钟，总锻炼时间至少要坚持 20 分钟以上，如果身体条件允许，可达到 2 小时。只有坚持较多的负荷数量，才能达到发展有氧耐力的目的。

②重复练习。重复练习不改变动作结构和外部负荷表面数据，是在相对固定条件下，按照既定间歇要求，在机体完全恢复的情况下反复进行练习。

③间歇练习。间歇练习是在一次或一组练习之后，按照规定的间歇负荷和积极性间歇方式，在机体未完全恢复的情况下开始下一次或下一组练习。

采用间歇训练法发展有氧耐力的注意事项是：

a. 练习强度。间歇训练的强度比持续训练的强度大，最高心率可达 170～180 次 / 分，如果运动距离长，练习强度减弱，心率可能适当降低。

b. 负荷数量。负荷数量通常以距离（米）和时间（秒）两个指标来表示。以距离表示负荷数量时，可控制在 50～200 米。以时间指标来表示时，因为间歇训练法运动强度大，一次练习的持续时间如果太长会导致锻炼效果的改变，所以一般持续练习时间不超过两分钟，少则仅有几秒钟。

③间歇时间。每一次练习完成后，机体处于尚未完全恢复时开始下一次的练习。间歇时间根据个人情况和项目的不同而不同，一般当心率恢复到 110～120 次 / 分时就开始下一次练习，休息时可采取积极性休息，如慢跑或走等。

④循环练习。在选择和设计循环练习的各项内容及其编排上，必须符合专项特点的要求，同时应根据“渐进负荷”或“递增负荷”的原则安排练习。

⑤游戏练习。游戏练习指运用各种长时间游戏的方式进行有氧耐力练习。

（2）有氧耐力的练习手段。有氧耐力的练习手段包括：

① 1 分钟立卧撑。

②连续深蹲跳。

③连续跑台阶。

④连续单脚交换跳台阶。

⑤跳绳练习（单摇或双摇）。

⑥越野跑、中长跑、爬山及长距离变速跑。

2. 无氧耐力的练习

（1）无氧耐力的练习方法。无氧耐力练习的主要方法以短距离的重复跑和间歇跑为主。

（2）无氧耐力的练习手段。无氧耐力的练习手段包括：

① 20～80 米的加速跑。

②高抬腿转加速跑。

③折返跑。

④对抗性球类比赛。

（3）无氧耐力练习的注意事项：

①强度。一般采用大强度，达到最大吸氧量的 90% 左右，心率在 180 次 / 分以上。

②距离和时间。练习距离和持续时间要短，一次负荷的持续时间一般为 3～8 秒（20～80 米跑，8～20 米游泳等）。

③重复次数与组数。一般重复练习的次数和组数都较少为宜。如重复练习 3～4 次，重复组数可达到 5～6 组。

④间歇时间。练习的间歇时间要短些，一般少于 1 分钟。组与组之间的间隔要相对长些，一般为 3～5 分钟。但不宜过长，如果间歇时间过长，神经系统的兴奋性会降低，从而影响练习效果；一般心率恢复到 120 次 / 分时就开始下一组练习。另外，间歇时应做积极性休息。

（二）发展肌肉力量的体育锻炼方法

1. 发展力量素质的方法

（1）静力性力量练习。静力性力量练习的特点是肢体不产生明显移位，而是维持或固定肢体于一定位置或姿态上。静力性力量练习主要用于提高肌肉耐力。在发展肌肉最大力量的练习时，可采用较大的负荷强度。

①对抗性静力练习。根据发展某部肌肉的需要，基体姿势保持固定不变，用极限力量对抗固定的物体。

②负重静力练习。根据发展某部肌肉的需要，确定姿势，固定重量，身体姿势保持不变。

③慢速力量练习。动作速度较慢，靠肌肉的紧张收缩来完成，如肩负杠铃深蹲慢起立等。

（2）动力性力量练习。动力性力量练习方法在练习时产生明显的位移或较快速推动其他物体产生运动。

①绝对性力量锻炼。一般以最大负重量的80%～100%进行锻炼。锻炼时，以较少的次数（1～3次）完成最大重量或接近最大重量的练习。

②速度力量锻炼。速度力量主要锻炼肌肉短时间快速收缩的能力。锻炼方法以中等或中小重量（最大负荷量的60%～80%）为宜，练习的重复次数少，以最快的速度完成。

③力量耐力锻炼。采用最大力量的40%～60%，重复次数达到12次以上，不追求速度，但要求重复次数和坚持时间，如俯卧撑、仰卧起坐、引体向上、举重、哑铃等，一般练到极限。

2. 发展力量的具体手段

（1）发展上肢力量的练习手段。

①引体向上。双手分开抓住单杠，同时用力提升身体，使下颌骨接触单杠再下降至双臂完全拉直。

②双杠臂屈伸。双手抓紧双杠，双臂伸直将身体支撑离地，身体下降时，屈臂直到肘部与双杠平齐，双脚保持离地状态。

③屈臂悬垂。两手反握单杠，用力提升身体至下颌超过杠面。练习时尽量长时间保持该姿势。

④肘部弯举。手持杠铃或哑铃做肘关节的屈伸动作。练习时应注意勿使两肘的位置移动。

⑤仰卧推举。仰卧于凳上，将杠铃持于胸部并连续上举。

⑥俯卧撑。掌心平放地面，双手距离与肩同宽，双腿挺直，足尖着地，双臂弯曲至胸腹部触地，接着双臂伸直，将身体推起。

（2）发展背肌和腹肌力量的练习手段。

①仰卧起坐。练习时压住双脚，双手抱头，双腿保持弯曲状态，然后连续起坐。

②收腹举腿。仰卧在地，双腿并拢，双手抱头或自然放在身体两侧，然

后双腿抬起与地面呈 45° 以上，脚尖绷直，接着轻放双腿，到快触地时再抬起，重复练习。也可在单杠或肋木上做此练习。

③俯卧背屈伸。俯卧，压住双脚，双手抱头，双腿保持挺直状态，然后将身体抬起至最高点，再缓慢下落，重复练习。

④肩负杠铃体前屈。直立，双脚与肩同宽或略宽于肩，抓紧杠铃使其在双肩上保持平衡，然后将身体前屈至与地面平行，再将身体缓慢抬起。

⑤两头起。仰卧，双腿伸直并拢，两臂伸直于头上，然后同时抬起双腿和上体，让手指与脚尖在躯干上方相触，再放回原位，重复练习。

（3）发展下肢力量的练习手段。

①跳跃练习。如单脚或双脚连续跳台阶、深蹲跳、蛙跳、多级跳。

②负重深蹲。负重做蹲起动作，练习时应缓慢屈膝，快速蹬伸。

③负重提踵。肩负杠铃进行提踵练习，练习时两腿绷直，脚跟高抬，重复练习。

（三）发展身体柔韧性的体育锻炼方法

人们通常将柔韧素质又称为柔韧性。武术、竞技体操、艺术体操、跳水、花样滑冰、散手、柔道及游泳项目都能很好地发展柔韧素质。

1. 发展柔韧性的方法

发展柔韧性通常采用拉伸法，拉伸法可分为动力拉伸和静力拉伸两种。

动力拉伸法指有节奏地、通过多次重复同一动作的练习，使肌腱和韧带逐渐被拉长的练习。

静力拉伸法指在某一位置静止一段时间将肌腱和韧带缓慢拉长的方法。

练习时应将动力拉伸法和静力拉伸法结合起来，这样才会达到最佳效果。

2. 发展柔韧性的手段

（1）发展肩关节柔韧的手段。发展肩关节柔韧的手段如下：

①体前屈压肩。双人手扶对方肩，体前屈直臂拉肩。

②背对肋木或双杠站立，双手反握肋木下蹲拉肩。

③侧向肋木，一手上握、一手下握肋木向侧拉。

④两手五指交叉直臂头上翻腕，掌心朝上前后摆动。

（2）发展腰腹柔韧的手段。发展腰腹柔韧的手段如下：

①体前屈手握脚踝，尽量使头、胸、腹与腿相贴。

②后桥练习。双手双脚撑地，人成后桥，可逐渐缩小手与脚的距离。

③练习者跪立，手臂前伸掌心触地，胸向下压。要求主动伸臂，挺胸下压。

（3）发展下肢柔韧的手段。发展下肢柔韧的手段如下：

①压腿。将一只脚放在一定高度，另一只脚支撑，进行正或侧压，尽量使头、上体靠近腿部。

②原地或行进间踢腿练习，两腿尽量不弯曲。

③“跨栏步”压腿。

④弓箭步压腿，原地或行进间。

⑤纵叉、横叉。

⑥跪坐脚背着地，身体后仰压脚背。

（四）发展灵敏协调性的体育锻炼方法

灵敏素质指迅速、准确改变身体动作方向和空间位置的能力。它是技能和各种素质的综合表现，对于大多数项目来讲灵敏素质是非常重要的。

1. 发展灵敏素质的方法

发展灵敏素质的方法主要有以下几种。

（1）让练习者在跑、跳中迅速、准确、协调地做出各种动作，如快速改变方向的各种跑，各种快速突然的起动、急停及各种迅速转体等练习。

（2）各种调整身体方位的练习，如利用体操器械做各种较复杂的动作。

（3）专门设计的各种复杂多变的练习，如立卧撑、十字变向跑、“8”字跑及综合变向跑等。

（4）各种变换方向的追逐性游戏和对各种信号做出应答反应的游戏等。

2. 发展灵敏素质的具体手段

（1）单人练习。快速折返跑、快速后退跑、弓步转体、不同方向的滑步、跳起转体、屈体跳等。

（2）单人器械练习。单杠悬垂摆动、双杠支撑摆动、挂撑前滚翻、双杠转体下，各种球类运动的运球、传球、顶球、颠球等。

（3）双人练习。模仿跑、躲闪摸肩、“撞拐”游戏、两人头顶球练习、篮球一对一攻防练习。

（4）双人器械练习。篮球的行进间传球、运球追逐及抢球，双杠端支撑跳下换位追逐等练习。

（5）组合练习。交叉步—后退跑—折返跑练习，前滚翻—后滚翻—侧手翻—跑跳起练习。

（五）发展跳跃能力的体育锻炼方法

1. 负重练习

（1）负荷强度。一般多采用本人最大负荷量的40%～50%。

（2）练习次数和组数。通常每组重复练习5～10次，做3～6组。但组数的确定应以练习者不降低完成动作的速度为限。

（3）间歇。组间的间歇不宜过长，通常为2～3分钟。

2. 不负重练习

（1）跳绳。单摇或双摇，按规定时间和次数的跳的练习等。

（2）单脚连续跳。在平地或台阶均可进行练习。

（3）跳深。练习时可保持动作的连续性和具有爆发力的特征。该练习可用双足或单足跳。可通过连续跳台阶或跨栏进行练习。

（4）跳远。可采用立定跳远、立定多级跳（三级、五级、十级）进行练习。

（5）行进间单足跳。30～100米的跨步跳和单足跳练习。

（6）摸高。原地或助跑摸高练习。

（7）跳障碍物。跳栏架、跳跳箱等。

（六）发展投掷能力的体育锻炼方法

投掷能力指人体运用自身的能力，通过一定的运动形式，将手持的物体或器械进行抛射并尽可能获得远度的能力。

1. 徒手练习

徒手练习的方法有以下几种。

（1）俯卧撑。双手指尖撑地进行练习，通过加强手指、手腕及手臂的力量来提高投掷能力。

（2）腰腹肌的力量直接影响着投掷能力，所以若想提高投掷能力，必须加强腰腹肌的力量。可用仰卧起坐、收腹举腿、俯卧背屈伸等方法练习。

2. 持器械练习

持器械练习的方法有以下几种。

（1）双手或单手持实心球于头上（身体成反弓形），原地和上步向前投掷练习。

（2）原地正面或侧面用小沙袋、垒球等物掷准或掷远练习。

（3）提举哑铃至腋下或提举杠铃至胸前练习，重量为5～20千克。

（4）单手或双手拉一端固定的胶带练习。

（5）单杠引体向上，双杠臂屈伸练习。

四、利用大自然环境锻炼的方法

人们赖以生存的自然界是千变万化的。人们为了生活和生存，对自然界的适应能力也是很强的。同时，自然界也包括许多对人体健康十分有益的因素。也就是说，人体不仅要适应外界环境的变化，而且还应该利用各种自然条件进行锻炼，以进一步提高对外界的适应能力，增进健康和增强体质。

（一）日光、空气、水对锻炼身体的作用

日光、空气、水等自然条件，对身体健康具有重要意义。如日光，对机体的作用是多方面的，其中紫外线具有杀菌、抗佝偻病等作用，又能提高皮肤抵抗力和关节的活动性。红外线能起温热作用，提高新陈代谢、改善组织营养等。又如气温、湿度、气流对皮肤的刺激，特别是低温的刺激，通过神经的发射作用，改善体温调节系统，促进血液循环。特别是空气中的阴离

子，对人体神经系统、血液循环、呼吸及内分泌活动等，都能产生良好的刺激作用。因为机体对外界环境具有巨大的适应性，变化了的环境条件作用于机体，大脑皮层立刻进行调节，使机体适应变化了的外界环境，保持机体与环境在新的条件下的平衡。新的刺激，又形成新的反射，从而进一步提高机体的适应能力。

日光、空气、水在我们生活中接触的机会很多，由于城市中阳离子含量高，阴离子含量少，加之“三废”的污染，不利于人体健康，因此应该多组织一些野外活动。

（二）冷水浴

冷水浴锻炼应从夏天开始，每周至少练习两次以上，时间以早晨为好，坚持经常锻炼如下。

1. 冷水洗脸与洗足

初练冷水浴，可以从冷水洗脸与洗脚开始，特别是洗脚，应泡在水中数分钟，用以提高对冷刺激的适应能力。每天最好晨起用冷水洗脸，睡前用冷水洗脚，洗后擦干。

2. 冷水擦身

冷水擦身伴随按摩动作，对初练者更为适宜。在擦身过程中，要不断地把毛巾在冷水中浸泡拧干再擦，擦身可作为淋浴、浸浴、冬泳的过渡。也可单练擦浴，每天最好睡前进行。

3. 淋浴与冲洗

淋浴的水温，开始不要过低，在锻炼过程中可逐步降低，最后用冷水冲洗。冲洗前先用冷水拍打胸部，再淋上肢，然后从头向全身冲淋，时间不要超过一分钟。经过一段时间锻炼后，再逐步延长时间，每天早晚均可进行。从夏秋开始，浴后用干毛巾擦遍全身。

4. 浸浴

浸浴在室内外均可进行。浸浴前先用冷水拍胸，浸水后用毛巾不断摩擦全身，特别是胸腹部要用力擦。浸泡时间根据个人情况而定，以不出现寒战为度。浴后用干毛巾擦腰、肩、膝关节部位，擦到发热为止。

5. 冬泳

冬泳在天然水域进行。是日光、空气、水的综合利用，也是冷水浴锻炼的最好形式。下水后不能停止活动，可以进行一定强度的游泳活动，然后再在水中擦摩全身。冬泳的时间应根据个人锻炼的基础而定，以不出现寒战为标准。由于冬泳能量消耗大，每天进行时间不宜过长，并适当控制运动量。出水后应迅速擦干擦热全身，并立即穿衣。

第七章 增强体质健康的运动处方的制定及运用

第一节　运动处方概述

一、运动处方的概念

20 世纪 50 年代，美国生理学家卜波维奇就提出了“运动处方”的概念。1969 年，世界卫生组织使用了运动处方这一术语，使其在国际上得到确认。运动处方的完整概念可概括为：“对从事体育锻炼者或病人，根据医学检查资料（包括运动试验及体力测验），按其健康、体力以及心血管功能状况，结合生活环境条件和运动爱好等个体特点，用处方的形式规定适当的运动种类、时间及频度，并指出运动中的注意事项，以便有计划地经常性锻炼，达到健身或治病的目的，即为运动处方。”它是指导人们有目的、有计划、更科学地进行锻炼的一种方式。

对普通高校的大学生来说，运动处方实质上是指导学生有目的、有计划、科学地锻炼身体的一种有效方法。它必须根据大学生的生理、心理特点，有针对性地使学生学会制订锻炼计划和运动处方，持之以恒地锻炼，从而促进现代大学生身心健康。

就社会体育的广泛意义，运动处方一般多指以提高心肺功能为主要目的的健身性运动处方，也可指用肢体功能锻炼、提高身体素质锻炼等多种形式的运动处方。

二、运动处方的产生和发展概况

1953 年，西德的黑廷格和缪拉等发表了不同强度、不同持续时间和频率运动对人体产生不同影响的论文，引起广泛关注。随后肖立赫、R. E. 摩根和 G. T. 亚当逊等，创造了一种巡回锻炼法。这种锻炼法是最初的运动处方模式。摩根和亚当逊在研制巡回锻炼法中，还提出超量负荷的具体办法，即巡回锻炼一段时间后再测定极限体能，然后继续按极限负荷的 50% 原则确定锻炼负荷。这是首次提出人体运动产生适应性反应后，怎样调整运动量和负荷量的问题，是对运动处方研究取得的突破性的重大进展。

1967 年，阿肯创立国际老年长跑协会。他提出利用医疗步行、健身跑防治心脏病和癌症的运动处方。霍尔曼研究所自 1954 年对运动处方的理论和应用进行研究，制定出健身运动处方以及心肌梗死、高血压病、肥胖症、糖尿病的康复运动处方。

1965 年，日本以猪饲道夫为首的运动生理学家倡议研制运动处方。随后，以铃木慎次郎为首，建立了一个运动处方研究委员会，并在全国各地设立了二十几个研究小组，进行运动处方的研制和应用实验。20 世纪 70 年代及以后，日本出版《运动处方》《日本健康运动处方》《从生理学基础到运动训练、运动处方》《从运动生化到运动处方》等书，对日本运动处方的研究推广和健身运动的兴起起了积极的作用。

到目前为止，通过很多专家的研究，运动处方已经成了一项很成熟的锻炼方式，为科学地指导人们的日常锻炼起到了积极的作用。

三、运动处方的制定原则

（一）以体力为基础原则

制定运动处方应以体力情况做基础。在制定运动处方时，必须注意到体力的差别比性别和年龄的差别更为重要。

（二）应区别对待原则

运动处方的制定，必须针对每一个人的具体情况，因人而异，区别对待。这是因为每一个锻炼者的身体条件不相同，不可能预先准备好适应各种情况的处方。即使可能，个人的身体或客观条件也在经常变化。

（三）持之以恒和渐进性原则

从生理学的角度看，虽然是科学、有效的运动，如果锻炼者不爱好则难以持久，不能持久也就不能得到真正的效果。人体对反复持久的运动有一个适应过程，体质的增强则建立在适应能力逐渐提高的基础上。所以，运动处方的制定，在注意持之以恒的同时，还要兼顾其渐进性原则。

（四）安全界限和有效界限原则

安全界限指锻炼者在保证不会出意外事故的情况下，所能承受的最大运动强度或运动量。有效界限指达到最低锻炼效果的最小运动强度或运动量。安全界限和有效界限之间，就是运动处方最安全而有效的范围。在这个范围内，运动强度、时间和频率等越高，效果就越显著。运动强度、时间和频率等愈高，效果也愈大，但它有个最高和最低限度。

（五）运动效果的体质基础原则

运动时身体的生理的适应，根据运动种类或方法有所不同。锻炼前体质差的人，从事强度小的运动也能收到显著效果，而锻炼前体质强的人，则要求更高的运动强度的刺激，才能见效。

（六）便于修订调整原则

运动处方的区别对待原则，决定了在最初制定处方过程中，要进行一次或数次的调整，使之成为符合自己条件的运动处方。一个安全、有效、愉快的运动处方，不是别人给予的，而是自己在实践过程中制定出来的。

第二节　运动处方的主要内容

一、运动目的

根据性别、年龄、职业、爱好和身体健康状况的不同，其运动目的有强身保健、防治疾病、健美减肥、伤病康复及提高运动成绩等。

二、运动种类

现代新兴的运动处方要求包括三种运动种类，即有氧运动、伸展运动及力量性运动，以达到全身锻炼的最佳效果。

（一）有氧运动

是运动处方最主要的和最基本的运动手段。其运动项目有步行、慢跑、走跑交替、游泳、自行车、上下楼梯、跳绳、划船、滑冰、滑雪、室内功率自行车、步行车、跑台等。有氧运动的目的可作为一般健身或改善心血管及代谢功能，用于冠心病、高血压、肥胖症等多种慢性疾病的预防和康复。

（二）伸展运动

包括运动负荷较小的放松性练习及医疗体操和矫正体操。前者的运动项目如太极拳、气功、五禽戏、八段锦、放松操等。这些运动可改善心情，消除身体疲劳，或防治高血压病和神经衰弱；后者的运动项目如各种医疗体操、舞蹈、矫正体操等。这些运动项目可针对某些疾病进行专门性治疗，如慢性支气管炎、肺气肿患者可做专门的呼吸体操，内脏下垂者应做腹肌锻炼，脊柱畸形、扁平足者应做矫正体操。

（三）力量性运动

是以恢复和提高肌肉力量，并促进肢体功能活动的运动，主要包括抗阻运动、主动运动、助力运动等，主要用于因各种原因引起的肌肉萎缩、肌力下降。

三、运动强度

运动强度是运动处方定量化与科学性的核心问题，它影响到锻炼效果和安全。运动强度是单位时间内的运动负荷，即运动强度＝运动负荷 / 运动时间。反映运动强度的生理指标常用心率（HR）。除去环境、心理或疾病等因素，当心率在 110～170 次 / 分时，心率与运动强度之间呈直线关系。按心率确定运动强度的方法有：

（一）年龄减算法

运动适宜心率＝ 180（或 170）－年龄。此法适用于身体健康的人。

（二）靶心率法（THR）

靶心率指能获得最佳效果并能确保安全的运动心率。一般取个人最大心率的 60%～85%，而标准的计算公式为：THR ＝（最大心率－安静心率）×（0.6 －0.8）＋安静心率，此法适用于各种慢性疾病患者。

四、运动时间

运动时间指每次持续运动的时间。耐力性运动的持续时间为 30～60 分钟，一般为 20～30 分钟（除去准备活动和整理活动时间），其中达到适宜心率的时间最低需持续 10 分钟以上。健康成年人宜采用中等强度、长时间运动；体质弱或有疾病症状者，宜采用小强度、长时间运动；年轻体质好的宜采用大强度、短时间运动。

五、运动频度

运动频度指每周的锻炼次数。运动频度取决于运动强度和每次运动持续的时间。一般认为，每周锻炼 3～4 次是最适宜的频度，即隔日锻炼 1 次；如果每周不足 2 次，则起不到应有的作用。此外，如果间隔时间超过 3 天，运动效果的蓄积作用就会消失，效果就明显减弱。

六、注意事项

在运动处方中，应根据每个锻炼者或患者的具体情况提出相应的注意事项。

（1）指出应禁忌参加的运动项目和某些易发生危险的动作。

（2）指出运动中自我观察指标及出现指标异常时停止运动的标准。

（3）每次锻炼前后都要做好充分的准备活动和整理活动。

第三节　运动处方的分类及实施原则

一、运动处方的分类

根据进行体育锻炼的目的，运动处方可分为两大类。一是治疗性运动处方，主要用于某些慢性疾病（如高血压、冠心病、脑血管、糖尿病及肥胖症等）和创伤康复期的患者，使医疗体育更加定量化、个别化、系统化和科学化；二是预防性运动处方，用于健康的中老年人、长期从事脑力劳动和办公室工作的人员，使他们更合理地参加健身运动，预防某些“文明病”的发生，防止过早衰老。

运动处方还可按照锻炼器官的不同而分为不同系统的运动处方，按照人体参加锻炼的范围而分为局部性或全身性的运动处方，等等。

现代新兴的运动处方要求包括 3 种运动种类，即有氧运动、伸展运动及力量性运动，以达到全面锻炼的最佳效果。

二、运动处方的实施与原则

（一）周锻炼次数和时间的安排

大学生在制订锻炼计划时，一般以一年或一学期为锻炼周期，以此来确定每周早操、课外活动的锻炼次数及每次锻炼的时间，如表 7–1 所示。

（二）周锻炼计划

这种计划简便易行，很适合大学生掌握和实施。现以大学一年级男生为例，该生以全面发展身体和复习、巩固体育课内容为目标，其周锻炼计划表见表 7–2 所示。

表 7–1　运动处方的周锻炼次数和时间安排

时间	有体育课时				无体育课时			
	早操		课外活动		早操		课外活动	
	周次数	时间	周次数	时间	周次数	时间	周次数	时间
春秋学期	3～5	0.5	2～3	1.5	3～5	0.5	3～4	1
夏冬学期	—	—	2～3	1	—	—	2～3	1
寒暑假	—	—	3～4	2	—	—	2～4	2

表 7–2　某一年级男生周锻炼计划

姓名：<u>×××</u>　性别：<u>男</u>　年龄：<u>18</u>　班级：<u>一年级</u>

星期	早操	课外活动	备注
1	晨跑 1200 米、一般体操练习	—	
2	—	耐力跑 2000 米、球类活动 20 分钟、引体向上或腰腹肌力量练习	
3	晨跑 1600 米、一般体操练习	—	
4	晨跑 1600 米、一般体操练习	—	
5	—	30～50 米跑 3～5 次、立定跳远或跨跳练习，复习体育课内容、球类活动 20 分钟	
6	晨跑 1600 米、一般体操练习	—	
7	—	室外活动或球类活动	

<u>××</u>年<u>×</u>月<u>×</u>日

注意：表 7–2 中各项内容均应有一定的强度、量和时间要求，具体因人、因时、因地酌定。并注意课外体育活动时间，尽量不要安排在体育课的当天进行。

（三）实施运动处方的原则

在实施运动处方时，应注意以下几点。

第一，注意把课外锻炼的内容和体育课的学习内容结合起来。注意复习、巩固和提高体育课所学的内容。

第二，注意把个人兴趣与实际需要相结合。既要发展自己有兴趣的或擅长的项目，又要努力克服自己的弱项和不足。

第三，注意不同身体素质之间以及身体素质练习与其他活动的有机结合。在一般情况下，每次锻炼时应安排一项活动性游戏（或球类活动），再配以 1～2 项身体素质练习为好。

参 考 文 献

[1] 陈洪，等 . 健康体育教程 [M]. 北京：科学出版社，2004.

[2] 丁艺，李娟，刘瑞平 . 大学体育使用教程 [M]. 沈阳：东北大学出版社，2008.

[3] 冯国敏，等 . 体育与健康指南 [M]. 广州：暨南大学出版社，2005.

[4] 冯喜军，等 . 体育健康教程 [M]. 郑州：中原农民出版社，2006.

[5] 郭伦志 . 大学体育教程 [M]. 成都：西南交通大出版社，2010.

[6] 侯德红，王忠宝 . 大学体育与健康 [M]. 北京：高等教育出版社，2011.

[7] 贾振佳 . 大学体育 [M]. 北京：首都经济贸易大学出版社，2003.

[8] 来源，黄承欢 . 大学体育健康教程 [M]. 西安：西北工业大学出版社，2009.

[9] 赖锦松，余卫平 . 大学体育教程 [M]. 广州：华南理工大学出版社，2012.

[10] 李建新 . 新编大学体育 [M]. 杭州：浙江大学出版社，2012.

[11] 李江红 . 大学体育与健康 [M]. 武汉：武汉理工大学出版社，2007.

[12] 李振斌 . 大学体育教程 [M]. 北京：清华大学出版社，2008.

[13] 刘国 . 新编大学体育 [M]. 西安：西北大学出版社，2007.

[14] 芦特，何萍 . 大学体育与健康实用教程 [M]. 北京：北京师范大学出版社，2010.

[15] 孟光云，杨宁 . 大学体育教程（修订版）[M]. 北京：北京理工大学出版社，2005.

[16] 潘义田，解皓 . 大学体育 [M]. 银川：宁夏人民出版社，2008.

[17] 史鲜玲，等 . 大学体育与健康教程 [M]. 武汉：武汉理工大学出版社，2007.

[18] 孙洪涛 . 大学体育教程 [M]. 长沙：湖南师范大学出版社，2007.

[19] 唐健，刘强辉 . 大学体育理论与方法教程 [M]. 南京：东南大学出版社，2008.

[20] 王德炜 . 大学体育——理论与技术教程 [M]. 西安：西安交通大学出版社，2008.

[21] 王家彬，虞荣安，杭兰平 . 大学体育教程：实践篇 [M]. 西安：西北工业大学出版社，2007.

[22] 王文成 . 大学体育实践教程 [M]. 北京：人民卫生出版社，2006.

[23] 谢香道，刘贺余，刘国荣 . 大学体育教程 [M]. 上海：立信会计出版社，2009.

[24] 熊晓正 . 体育概论 [M]. 北京：北京体育大学出版社，2008.

[25] 徐骏 . 大学体育 [M]. 南昌：江西科学技术出版社，2006.

[26] 薛斌 . 新概念大学体育 [M]. 北京：北京师范大学出版社，2009.

[27] 姚大为，季景盛，王诚民 . 大学体育与健康理论教程 [M]. 哈尔滨：黑龙江大学出版社，2012.

[28] 于华 . 大学体育与健康 [M]. 北京：北京航空航天大学出版社，2007.

[29] 张保华，黄小华，辛娟娟 . 大学体育与健康：理论与实践 [M]. 广州：广东高等教育出版社，2012.

[30] 张洪建 . 大学体育教程 [M]. 昆明：云南科技出版社，2006.

[31] 张翔，肖旭，李朝晖 . 大学体育与健康 [M]. 北京：高等教育出版社，2009.